KB078136

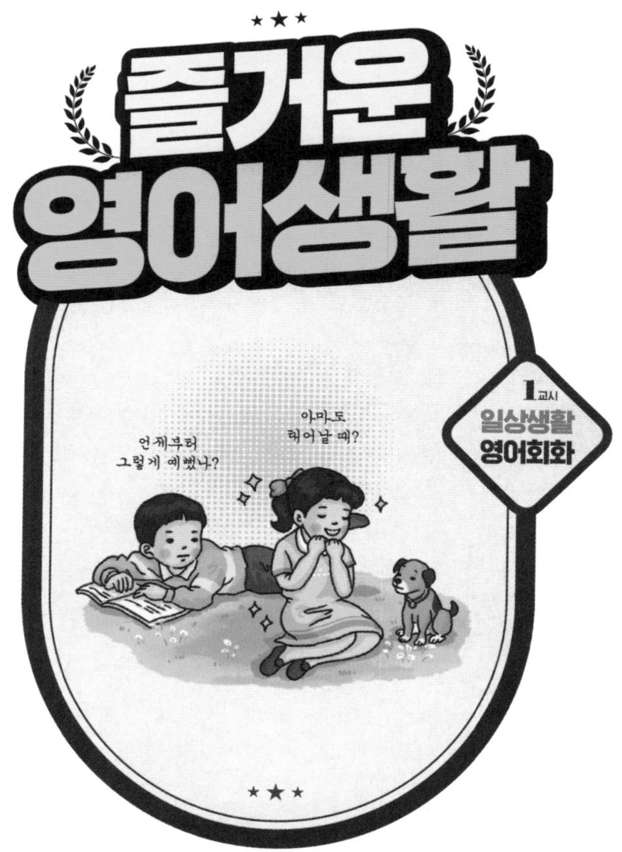

제이정 글 | (주)산돌티움 그림

즐거운 영어생활

1교시 일상생활 영어회화

초판 1쇄 발행 · 2019년 12월 20일
초판 2쇄 발행 · 2021년 12월 20일

지은이 · 제이정 | **그린이** · (주)산돌티움
발행인 · 이종원
발행처 · (주)도서출판 길벗
브랜드 · 길벗이지톡
출판사 등록일 · 1990년 12월 24일
주소 · 서울시 마포구 월드컵로 10길 56(서교동)
대표 전화 · 02)332-0931 | **팩스** · 02)323-0586
홈페이지 · www.gilbut.co.kr | **이메일** · eztok@gilbut.co.kr

기획 및 책임편집 · 임명진(jinny4u@gilbut.co.kr), 김대훈 | **디자인** · 황애라 | **제작** · 이준호, 손일순, 이진혁
마케팅 · 이수미, 장봉석, 최소영 | **영업관리** · 김명자, 심선숙 | **독자지원** · 윤정아, 홍혜진

편집진행 및 교정교열 · 강윤혜 | **전산편집** · 이현해
오디오 녹음 및 편집 · 와이알미디어 | **CTP 출력 및 인쇄** · 예림인쇄 | **제본** · 예림바인딩

ISBN 979-11-6050-994-6 03740 (길벗도서번호 301015)

이 도서의 국립중앙도서관 출판사도서목록(CIP)은 서지정보유통지원시스템 홈페이지(http://seoji.nl.go.kr)와
국가자료공동목록시스템(http://www.nl.go.kr/kolisnet)에서 이용하실 수 있습니다. (CIP제어번호: CIP2019045690)

정가 13,000**원**

머리말

즐거운 영어생활을 시작하는 독자 여러분께

10년 동안 써온 영어 노트가 있습니다

제 학생이 원어민 선생님과 대화를 나누던 중 뭐가 답답한지 가슴을 막 두드립니다. 그러더니 갑자기 선생님과 둘이 웃음이 터졌어요. 이 모습을 지켜보다 궁금해진 제가 다가가서 자초지종을 물어봤어요. 그랬더니 학생 왈, 자신이 열심히 설명한 내용을 선생님이 이해했는지 궁금해서 "제 말 무슨 말인지 아셨나요?"라고 물어보려 했대요. 그런데 그 친구 입에서 나온 말이 Can you feel my heart?(내 마음이 느껴지세요?) 말해놓고 본인도 이건 아니다 싶어서 웃음이 터졌다는 거죠. 그에게 영어 문장을 말해준 후 양해를 구하고 노트에 정리했습니다. "내 말 뭔 말인지 알지?"

영어 강사로 지낸 지 어느덧 10년이 훌쩍 넘었어요. 그동안 많은 학생들을 만났고 또 그만큼 많은 질문을 받았습니다. 학생들이 저에게 자주 하는 질문 부동의 1위는 바로 "선생님, … 이 말 영어로 어떻게 해요?"입니다. 질문을 들어보면 '와, 이런 표현은 누구라도 궁금하겠는데!' 하는 감탄이 나올 때가 많습니다.

진짜 내가 쓸 말, 당장 말하고 싶은 100% 현실 영어회화

궁금한 영어 표현이 있어서 인터넷에 검색해 봤는데 뭔가 어색한 영어 문장들만 나오고 어디 마땅히 물어볼 데 없는 그런 경험 있죠? "망했다", "싫으면 관둬", "신용카드 한도 초과", "나 결정 장애야", "재 코 했어", "2:8 머리 스타일"… 학생들이 궁금할 때마다 저에게 준 소중한 질문들 덕분에 '진짜 우리 생활 속 현실영어 빅데이터'를 차곡차곡 모을 수 있었어요. '영어의 생활화'를 하고 싶어도 원어민들이 많이 쓰는 표현, 선생님이 추천하는 영어를 내가 말할 일이 없다면 실천할 수 없잖아요. 매일 내 일상에서 쓰는 말, 궁금해서 속 터질 그런 표현들을 이 책에 꼭꼭 채웠습니다.

대화해보면 재치 넘치고 재미있는 학생들이 참 많습니다. 그런데 그 빛나는 유머감각과 매력이 영어로 말할 땐 빛을 잃곤 합니다. 영어와 우리말을 할 때 마치 다른 사람처럼 느껴지기도 해요. 영어권과 우리의 문화 차이를 이해하고, 상황별 미묘한 뉘앙스를 짚어낸 센스 넘치는 한 마디, 내 매력을 여과 없이 보여줄 표현을 알려 드릴게요. 대화문도 교과서 같은 예문이 아니라 일상에서 친구와 티키타카(Tiki-taka) 자연스럽게 주고받는 대화 그대로 가져왔습니다.

3천 명의 학습자들과 함께 만든 만화책보다 재밌는 영어책

혹시 영어책을 처음부터 끝까지 '완독'해본 적 있나요? 책을 살 때 망설이게 되는 이유는 '어차피 못 볼 거라는 슬픈 예감' 때문이죠. 책을 주문하고 받으면 처음엔 참 뿌듯합니다. 하지만 얼마 지나지 않아 책장 어디에 꽂혀 있는지 존재조차 잊게 되죠. 그래서 이 책은 독자가 첫 장부터 마지막 장까지 '100% 완독하는 영어책'을 목표로 만들었어요.

Fun! Fun! Fun! 무조건 재미있게! 중간에 책을 덮지 않고 끝까지 보려면 무엇보다 재미가 있어야 합니다. 평소에 내가 쓰는 말들, 평소 내 친구와 투닥투닥 나누는 이야기들을 반전의 묘미가 있는 유쾌한 대화에 담았습니다. 영희와 철수, 바둑이가 등장했던 추억의 교과서를 연상시키는 친근

하고 귀여운 바른생활 그림으로 재미를 더했고요. 그리고 학습자들이 정말 끝까지 공부할 만한지 사전체험단과 3,000명이 참여한 설문조사를 진행하며 구성을 보완, 완독률 100%의 학습 구성을 완성했습니다.

즐거운 영어생활, 오늘부터 1일입니다

영어를 못한다고 부끄럽게 생각하는 학생들이 많아요. 우리나라에서 태어나서 우리나라에서 교육 받았는데 영어를 못하는 게 부끄러운 건가요? 영어가 재미있으면 잘하려고 노력하면 되는 거고, 영어에 관심 없으면 영어가 내 앞길을 막지 않게 다른 쪽으로 열심히 하면 되는 거죠. 하지만 영어 사용자가 전 세계 인구의 3분 1, 영어를 함으로써 누구보다 마음이 잘 맞는 먼 나라 친구가 생기고 외국 여행하다가 기분 안 좋으면 속 시원하게 한마디 할 수도 있습니다.

소통과 경험의 확장이라는 면에서 '영어'란 언어를 추천합니다. 끝도 없는 가능성의 문이 열립니다. 영어에 관심 있는 누구나 쉽고 재미있게 다가설 수 있는 책을 만들어 모두가 즐거운 영어생활을 누릴 수 있도록 돕는 것이 제 오랜 바람이었습니다. 여러분의 즐거운 영어생활, 이 책을 펼쳐든 오늘부터가 1일이었으면 합니다.

제이정 올림

차례

구성과 활용법

30일 동안 하루 하나씩 표현을 익히는 본 책과 빈틈없는 연습으로 회화 실력을 견고하게 다져줄 연습장으로 구성되어 있습니다. 학습자의 목적과 편의에 맞게 간편하게 2권으로 분권됩니다.

본 책

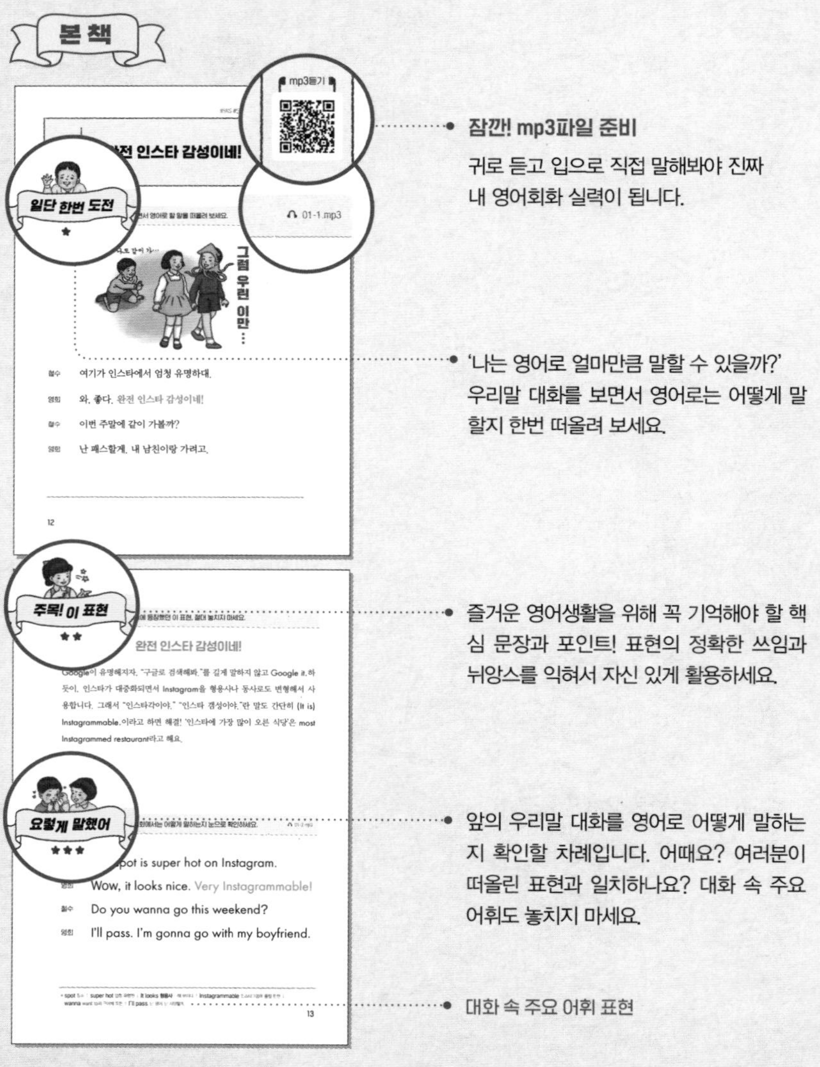

잠깐! mp3파일 준비

귀로 듣고 입으로 직접 말해봐야 진짜 내 영어회화 실력이 됩니다.

'나는 영어로 얼마만큼 말할 수 있을까?' 우리말 대화를 보면서 영어로는 어떻게 말할지 한번 떠올려 보세요.

즐거운 영어생활을 위해 꼭 기억해야 할 핵심 문장과 포인트! 표현의 정확한 쓰임과 뉘앙스를 익혀서 자신 있게 활용하세요.

앞의 우리말 대화를 영어로 어떻게 말하는지 확인할 차례입니다. 어때요? 여러분이 떠올린 표현과 일치하나요? 대화 속 주요 어휘도 놓치지 마세요.

대화 속 주요 어휘 표현

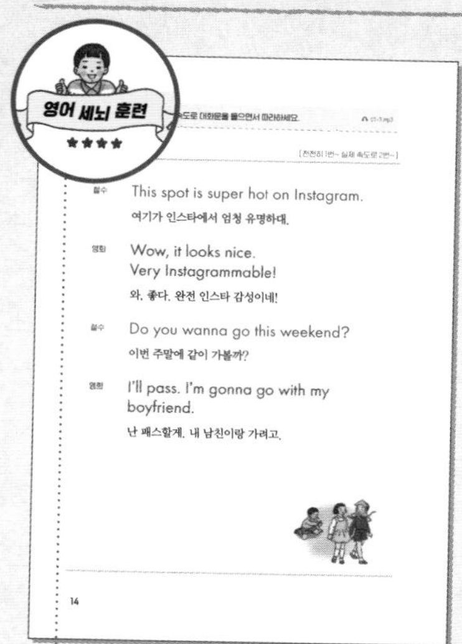
영어 세뇌 훈련

★★★★

...속도로 대화문을 들으면서 따라하세요.

[천천히 1번~ 실제 속도로 2번~]

철수 This spot is super hot on Instagram.
여기가 인스타에서 엄청 유명하대.

영희 Wow, it looks nice.
Very Instagrammable!
와, 좋다. 완전 인스타 감성이네!

철수 Do you wanna go this weekend?
이번 주말에 같이 가볼까?

영희 I'll pass. I'm gonna go with my boyfriend.
난 패스할게. 내 남친이랑 가려고.

14

한 문장씩 잘 듣고 따라 하면서 입에 착 붙이세요. 모든 문장은 천천히 1번, 원어민들이 실제 말하는 속도로 2번, 총 3번 반복됩니다.

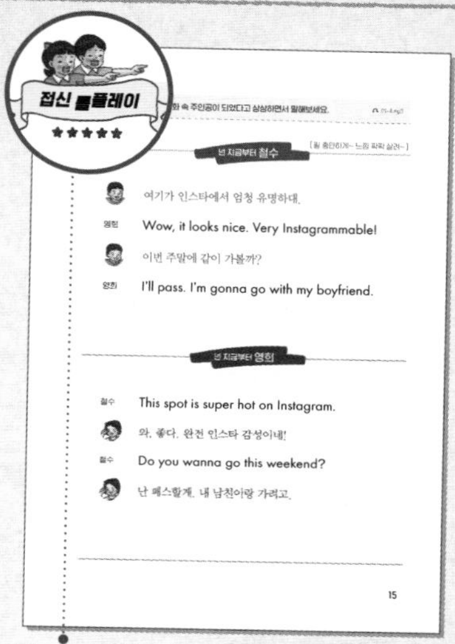
접신 롤플레이

★★★★★

...화 속 주인공이 되었다고 상상하면서 말해보세요.

넌 지금부터 철수

여기가 인스타에서 엄청 유명하대.

영희 Wow, it looks nice. Very Instagrammable!

이번 주말에 같이 가볼까?

영희 I'll pass. I'm gonna go with my boyfriend.

넌 지금부터 영희

철수 This spot is super hot on Instagram.

와, 좋다. 완전 인스타 감성이네!

철수 Do you wanna go this weekend?

난 패스할게. 내 남친이랑 가려고.

15

대화의 주인공이 되었다고 상상하면서 feel 충만하게, 느낌 팍팍 살려서 말해보세요. mp3파일에서 여러분이 말할 차례가 되면 잠깐의 시간(pause)이 주어집니다.

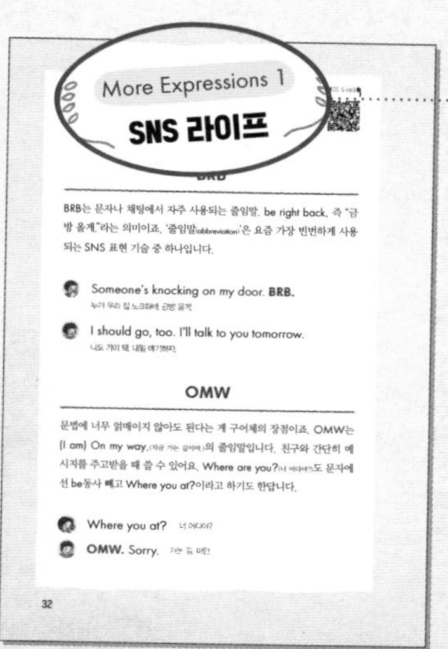
More Expressions 1

SNS 라이프

BRB

BRB는 문자나 채팅에서 자주 사용되는 줄임말, be right back, 즉 "금방 올게."라는 의미이죠. '줄임말(abbreviation)'은 요즘 가장 빈번하게 사용되는 SNS 표현 기술 중 하나입니다.

Someone's knocking on my door. BRB.

I should go, too. I'll talk to you tomorrow.

OMW

문법에 너무 얽매이지 않아도 된다는 게 구어체의 장점이죠. OMW는 (I am) On my way.의 줄임말입니다. 친구와 간단히 메시지를 주고받을 때 쓸 수 있어요. Where are you?도 문자에선 be동사 빼고 Where you at?이라고 하기도 한답니다.

Where you at?

OMW. Sorry.

32

더 많은 표현을 알고 싶은 분들을 위해 준비한 코너. 여러분의 영어생활을 더 풍성하게 만들 유용하고 Hot한 표현들을 놓치지 마세요.

본 책을 공부했는데 여전히 영어와 썸 타는 느낌인가요? 부담은 빼고 재미는 더한 영어회화 연습장으로 내 거인 듯 내 거 아닌 표현들을 진짜 나의 표현으로 만드세요!

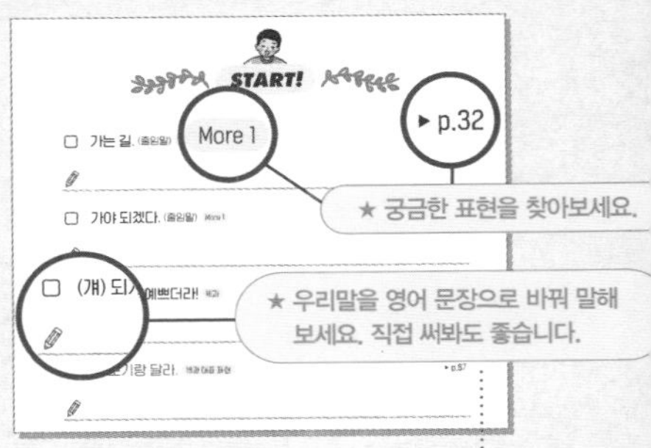

영어표현 자동암기 카드

입에서 바로 나와야, 상대가 말했을 때 알아들어야 진짜 내 실력이죠. 휴대가 간편하고 mp3도 들을 수 있는 암기카드로 언제 어디서나 즐겁게 연습하세요.

영어회화 최종점검 인덱스

이 책의 표현들을 가나다순으로 정리했어요. 향상된 회화 실력을 점검하는 [복습용], 궁금한 표현만 콕 집어 검색하는 [찾아보기용]으로 학습 목적에 맞게 활용하세요.

mp3파일 듣는 법

❶ QR코드

휴대폰의 QR코드 리더기로 스캔하면 mp3파일을 바로 들을 수 있는 페이지가 나옵니다.

❷ 길벗 홈페이지

홈페이지에서 도서명을 검색하면 mp파일 다운로드 및 바로 듣기가 가능합니다.

❸ 콜롬북스 어플

휴대폰에 콜롬북스 앱을 설치한 후 도서명을 검색하세요.

[주의]

이 책은 여러분이 평소에 친구들과 티키타카(Tiki-taka)
이 책은 여러분이 평소에 친구들과 티키타카(Tiki-taka) 편하게 주고받는 일상 대화를 그대로 담으려 노력했습니다. 다소 과격한 표현, 맞춤법과 다르게 표기한 단어도 등장하므로 **평소 바르고 고운 언어생활을 하는 분은 불편함을 느낄 수 있습니다.**

1 완전 인스타 감성이네!

mp3듣기

일단 한번 도전

우리말을 보면서 영어로 할 말을 떠올려 보세요. 01-1.mp3

나… 나도 같이 가…
그럼 우린 이만…

철수 여기가 인스타에서 엄청 유명하대.

영희 와, 좋다. 완전 인스타 감성이네!

철수 이번 주말에 같이 가볼까?

영희 난 패스할게. 내 남친이랑 가려고.

대화 속에 등장했던 이 표현, 절대 놓치지 마세요.

완전 인스타 감성이네!

Google이 유명해지자, "구글로 검색해봐."를 길게 말하지 않고 Google it.하듯이, 인스타가 대중화되면서 Instagram을 형용사나 동사로도 변형해서 사용합니다. 그래서 "인스타각이야." "인스타 갬성이야."란 말도 간단히 (It is) Instagrammable.이라고 하면 해결! '인스타에 가장 많이 오른 식당'은 most Instagrammed restaurant라고 해요.

실제 대화에서는 어떻게 말하는지 눈으로 확인하세요. 01-2.mp3

철수 This spot is super hot on Instagram.

영희 Wow, it looks nice. Very Instagrammable!

철수 Do you wanna go this weekend?

영희 I'll pass. I'm gonna go with my boyfriend.

* spot 장소 | super hot 엄청 유명한 | It looks **형용사** ~해 보이다 | Instagrammable 인스타그램에 올릴 만한 | wanna want to의 구어체 표현 | I'll pass. 난 됐어. 난 사양할게.

영어 세뇌 훈련 ★★★★ 다양한 속도로 대화문을 들으면서 따라하세요. 01-3.mp3

[천천히 1번~ 실제 속도로 2번~]

철수 This spot is super hot on Instagram.

여기가 인스타에서 엄청 유명하대.

영희 Wow, it looks nice.
Very Instagrammable!

와, 좋다. 완전 인스타 감성이네!

철수 Do you wanna go this weekend?

이번 주말에 같이 가볼까?

영희 I'll pass. I'm gonna go with my boyfriend.

난 패스할게. 내 남친이랑 가려고.

대화 속 주인공이 되었다고 상상하면서 말해보세요. 01-4.mp3

[필 충만하게~ 느낌 팍팍 살려~]

넌 지금부터 철수

 여기가 인스타에서 엄청 유명하대.

영희 Wow, it looks nice. Very Instagrammable!

이번 주말에 같이 가볼까?

영희 I'll pass. I'm gonna go with my boyfriend.

넌 지금부터 영희

철수 This spot is super hot on Instagram.

 와, 좋다. 완전 인스타 감성이네!

철수 Do you wanna go this weekend?

 난 패스할게. 내 남친이랑 가려고.

2 자랑질 쩔어.

우리말을 보면서 영어로 할 말을 떠올려 보세요. 02-1.mp3

부끄러움은 보는 자의 몫

영희 걔가 인스타에 글 올린 거 봤어?

철수 어. **자랑질 쩔어.**

영희 걘 대체 왜 그런다니?

철수 걔가 올린 글은 전부 손발이 오그라든다니까.

대화 속에 등장했던 이 표현, 절대 놓치지 마세요.

자랑질 쩔어.

#blessed(복 받은, 축복 받은)는 많은 사람들이 사용하는 가장 대중적인 해시태그 중 하나였습니다. 감사하거나 행복한 경험에 대해 글이나 사진을 올릴 때 사용하는 단어인데요. 약간 부정적으로 생각해보면 이런 것들이 자랑처럼 들릴 수 있겠죠? 자기 자랑을 끊임없이 하는 사람을 비하할 때 She is hashtag blessed.(걘 허구헌날 자랑질이야.)라는 표현을 씁니다.

실제 대화에서는 어떻게 말하는지 눈으로 확인하세요. 02-2.mp3

영희 Did you see her post on Instagram?

철수 I did. She's so hashtag blessed.

영희 What's with her?

철수 All her posts are cringeworthy.

* What's with ~? ~에 무슨 일이 일어나고 있는 거야? | cringeworthy 손발이 오그라드는, 민망한

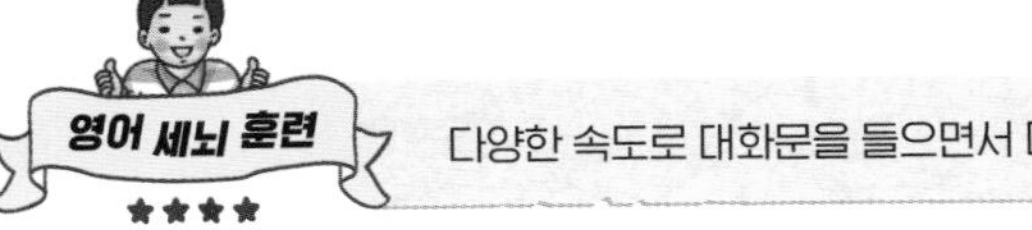

다양한 속도로 대화문을 들으면서 따라하세요. 02-3.mp3

[천천히 1번~ 실제 속도로 2번~]

영희 Did you see her post on Instagram?

걔가 인스타에 글 올린 거 봤어?

철수 I did. She's so hashtag blessed.

어. 자랑질 쩔어.

영희 What's with her?

걘 대체 왜 그런다니?

철수 All her posts are cringeworthy.

걔가 올린 글은 전부 손발이 오그라든다니까.

대화 속 주인공이 되었다고 상상하면서 말해보세요. 02-4.mp3

[필 충만하게~ 느낌 팍팍 살려~]

넌 지금부터 영희

 걔가 인스타에 글 올린 거 봤어?

철수 I did. She's so hashtag blessed.

 걘 대체 왜 그런다니?

철수 All her posts are cringeworthy.

넌 지금부터 철수

영희 Did you see her post on Instagram?

 어. 자랑질 쩔어.

영희 What's with her?

 걔가 올린 글은 전부 손발이 오그라든다니까.

3 너 좀 오버하는 거 아냐?

mp3듣기

우리말을 보면서 영어로 할 말을 떠올려 보세요. 03-1.mp3

영희 저번 주 생각하면 아직도 짜증나.

철수 어지간히 좀 해.

영희 페이스북, 스냅챗, 인스타에서 걔 차단해 버렸어.

철수 너 좀 오버하는 거 아냐?

대화 속에 등장했던 이 표현, 절대 놓치지 마세요.

너 좀 오버하는 거 아냐?

“너 좀 오버한다.”라고 할 때 ‘오버한다’는 말을 over로 시작했다면 벌써 물 건너가는 거예요. 여기에 딱 맞는 You are going too far.란 표현이 있거든요. “너 너무 멀리 가고 있다.” 즉, “너 너무 멀리 간 것 같아.” “너 좀 오버한다.”라는 의미이죠. 이 표현은 말하는 사람의 표정, 말투, 대화 상황에 따라 “작작 좀 해.” “해도 해도 너무한다.” 등 다양한 의미로 쓰여요. 그래서 “너 좀 오버하는 거 아냐?”는 Aren’t you going a little too far? (a little은 ‘조금, 좀’이란 의미)

실제 대화에서는 어떻게 말하는지 눈으로 확인하세요. 03-2.mp3

영희 I’m still feeling salty about last week.

철수 Just get over it.

영희 I blocked him on Facebook, Snapchat and Instagram.

철수 Aren’t you going a little too far?

* feel salty about ~에 관해 짜증난다, 화가 난다 | get over ~을 극복하다 | block ~를 차단하다

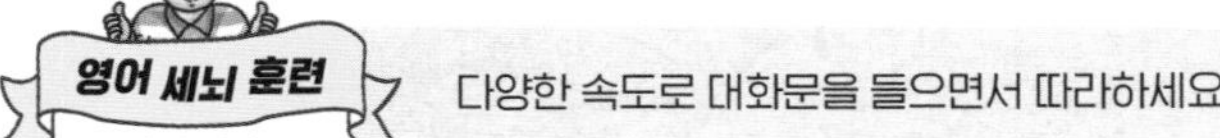

다양한 속도로 대화문을 들으면서 따라하세요. 03-3.mp3

[천천히 1번~ 실제 속도로 2번~]

영희 I'm still feeling salty about last week.

저번 주 생각하면 아직도 짜증나.

철수 Just get over it.

어지간히 좀 해.

영희 I blocked him on Facebook, Snapchat and Instagram.

페이스북, 스냅챗, 인스타에서 걔 차단해 버렸어.

철수 Aren't you going a little too far?

너 좀 오버하는 거 아냐?

대화 속 주인공이 되었다고 상상하면서 말해보세요. 03-4.mp3

[필 충만하게~ 느낌 팍팍 살려~]

넌 지금부터 영희

 저번 주 생각하면 아직도 짜증나.

철수 Just get over it.

 페이스북, 스냅챗, 인스타에서 개 차단해 버렸어.

철수 Aren't you going a little too far?

넌 지금부터 철수

영희 I'm still feeling salty about last week.

 어지간히 좀 해.

영희 I blocked him on Facebook, Snapchat and Instagram.

 너 좀 오버하는 거 아냐?

4 ㅋㅋㅋㅋ (개웃겨)

mp3듣기

우리말을 보면서 영어로 할 말을 떠올려 보세요. 04-1.mp3

철수 금요일이야! 뭐해?

영희 살 빼려고 방 안에서 줌바댄스 추고 있어.

철수 방금 상상해 버렸어. ㅋㅋㅋㅋ (개웃겨)

영희 너는? 넌 뭐해?

대화 속에 등장했던 이 표현, 절대 놓치지 마세요.

ㅋㅋㅋㅋ (개웃겨)

영어권에서도 온라인 채팅이나 SNS로 대화 시 줄임말을 많이 사용합니다. 친구가 재미난 말을 할 때 'ㅋㅋㅋㅋ'나 '개웃겨' 정도로 반응하고 싶다면 LMAO를 써주세요. Laughing My Ass Off, 즉 '엉덩이가 빠지게 웃고 있다'니까 우리말로는 '배꼽 빠지게 웃고 있다' 정도로 생각하면 됩니다. 비슷한 표현으로 LOL(Laughing Out Loud)이 있어요.

실제 대화에서는 어떻게 말하는지 눈으로 확인하세요. 04-2.mp3

철수 It's Friday! What are you up to?

영희 I'm doing Zumba in my room to lose weight.

철수 I just pictured it. LMAO.

영희 What about you? What are you doing?

* What are you up to? 너 뭐해? | lose weight 살을 빼다 (↔ gain weight) | picture ~을 상상하다 | What about you? 너는 어때?

다양한 속도로 대화문을 들으면서 따라하세요. 04-3.mp3

[천천히 1번~ 실제 속도로 2번~]

철수 It's Friday! What are you up to?

금요일이야! 뭐해?

영희 I'm doing Zumba in my room to lose weight.

살 빼려고 방 안에서 줌바댄스 추고 있어.

철수 I just pictured it. LMAO.

방금 상상해 버렸어. ㅋㅋㅋㅋ (개웃겨)

영희 What about you? What are you doing?

너는? 넌 뭐해?

대화 속 주인공이 되었다고 상상하면서 말해보세요. 04-4.mp3

[필 충만하게~ 느낌 팍팍 살려~]

넌 지금부터 철수

 금요일이야! 뭐해?

영희 I'm doing Zumba in my room to lose weight.

 방금 상상해 버렸어. ㅋㅋㅋㅋ (개웃겨)

영희 What about you? What are you doing?

넌 지금부터 영희

철수 It's Friday! What are you up to?

 살 빼려고 방 안에서 줌바댄스 추고 있어.

철수 I just pictured it. LMAO.

 너는? 넌 뭐해?

5 나 핸드폰 요금 폭탄 맞았어.

우리말을 보면서 영어로 할 말을 떠올려 보세요. 05-1.mp3

철수 이번 달 핸드폰 요금 폭탄 맞았어.

영희 요금은 누가 내는데?

철수 내가 내지. 청구서 보고 엄청 열 받았잖아.

영희 핸드폰 요금제 어떤 거 쓰는데?

대화 속에 등장했던 이 표현, 절대 놓치지 마세요.

나 핸드폰 요금 폭탄 맞았어.

전화요금이나 세금이 엄청 많이 나오면, 흔히 "폭탄 맞았어."라고 하죠? 실제로 폭탄을 맞은 건 아니니까, bomb이 등장하면 뜬금없겠죠. 요럴 땐 My phone bill was super high.만으로도 어감이 충분히 전달됩니다. 하나 더! '엄청 열 받았다'는 lost it이라는 표현을 쓰면 딱입니다. 여기서 it은 '정신줄'이란 의미죠. '정신줄을 잃었다'니까 '엄청 열 받았다'가 되는 거랍니다.

실제 대화에서는 어떻게 말하는지 눈으로 확인하세요. 05-2.mp3

철수 My phone bill was super high this month.

영희 Who pays the bill?

철수 I do. When I saw the bill, I really lost it.

영희 What kind of phone plan do you have?

* phone bill 전화요금 청구서 | phone plan 핸드폰 요금제

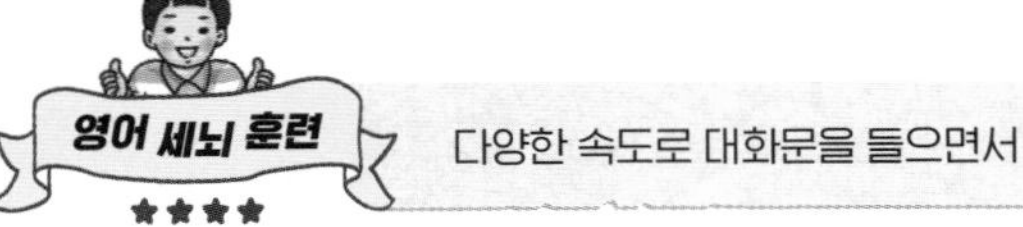

다양한 속도로 대화문을 들으면서 따라하세요.

05-3.mp3

[천천히 1번~ 실제 속도로 2번~]

철수 My phone bill was super high this month.

이번 달 핸드폰 요금 폭탄 맞았어.

영희 Who pays the bill?

요금은 누가 내는데?

철수 I do. When I saw the bill, I really lost it.

내가 내지. 청구서 보고 엄청 열 받았잖아.

영희 What kind of phone plan do you have?

핸드폰 요금제 어떤 거 쓰는데?

대화 속 주인공이 되었다고 상상하면서 말해보세요. 05-4.mp3

〔필 충만하게~ 느낌 팍팍 살려~〕

넌 지금부터 철수

 이번 달 핸드폰 요금 폭탄 맞았어.

영희 Who pays the bill?

 내가 내지. 청구서 보고 엄청 열 받았잖아.

영희 What kind of phone plan do you have?

넌 지금부터 영희

철수 My phone bill was super high this month.

 요금은 누가 내는데?

철수 I do. When I saw the bill, I really lost it.

 핸드폰 요금제 어떤 거 쓰는데?

More Expressions 1
SNS 라이프

05-5.mp3

BRB

BRB는 문자나 채팅에서 자주 사용되는 줄임말. be right back, 즉 "금방 올게."라는 의미이죠. '줄임말(abbreviation)'은 요즘 가장 빈번하게 사용되는 SNS 표현 기술 중 하나입니다.

Someone's knocking on my door. **BRB.**
누가 우리 집 노크하네. 금방 올게.

I should go, too. I'll talk to you tomorrow.
나도 가야 돼. 내일 얘기하자.

OMW

문법에 너무 얽매이지 않아도 된다는 게 구어체의 장점이죠. OMW는 (I am) On my way.(지금 가는 길이야.)의 줄임말입니다. 친구와 간단히 메시지를 주고받을 때 쓸 수 있어요. Where are you?(너 어디야?)도 문자에선 be동사 빼고 Where you at?이라고 하기도 한답니다.

Where you at? 너 어디야?

OMW. Sorry. 가는 길. 미안.

BTW

가장 흔하게 쓰이는 줄임말 중 하나입니다. 주제를 바꿀 때, '아, 그건 그렇고'라고 시작하죠? 바로 그 by the way의 줄임말이 BTW예요.

I ran into Dongsu this morning.

나 오늘 아침에 동수랑 마주쳤어.

Did you? Oh, **BTW**, did you get your car fixed?

그랬어? 아, 그건 그렇고 너 차는 고쳤냐?

G2G

채팅이나 문자 대화를 마무리하고 이제 가봐야 할 때 "나 이제 가봐야 해."라고 인사하죠. 정석으로는 I should go now. / I have to go now. / I've got to go now. 등이 있겠습니다. 요즘 많은 사람들이 I gotta go. 혹은 G2G라고 마무리를 하기도 하는데요, G2G는 got to go의 줄임말!

G2G. See you next week.

가야 되겠다. 다음주에 봐.

OK. Have a great day.

응. 좋은 하루 보내.

left me on read

상대방이 내 메시지를 읽었는데 답이 없을 때 '읽씹했다'고 하죠. 영어로는 left me on read입니다. 여기서 read는 과거분사라서 [red 뤠드]라고 읽어요. 숫자1 지워진 후 답 없으면 속상해요:(

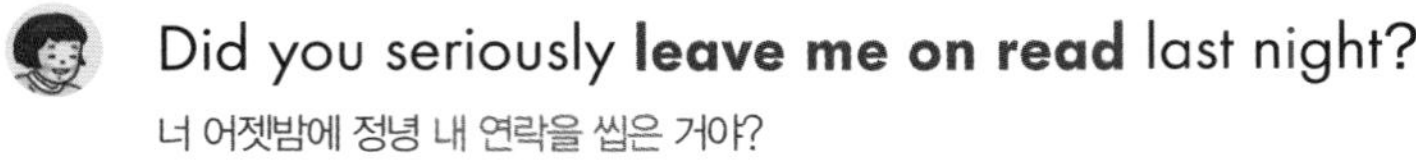

Did you seriously **leave me on read** last night?
너 어젯밤에 정녕 내 연락을 씹은 거야?

I didn't mean to! My phone died. Honestly!
그럴 생각은 없었어. 휴대폰이 꺼졌어. 진짜야!

selfies

'셀카'는 Self Camera가 아닌 selfies라고 합니다. 단수는 a selfie, 복수는 selfies라고 하세요.

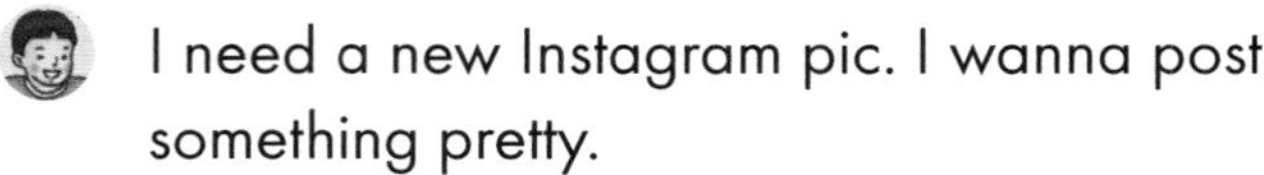

I need a new Instagram pic. I wanna post something pretty.
나 새로운 인스타 사진이 필요해. 뭔가 예쁜 걸 올리고 싶어.

Something pretty? How about my **selfie**?
뭔가 예쁜 거? 내 셀카 어때?

photobomb

'사진폭탄'이라니 무슨 의미일까요? 사진을 찍는 사람이 예상치도 못했던, 사진의 의도를 망쳐버리는 무언가를 뜻합니다. 극단적인 예를 들자면, 야외에서 결혼 사진을 아름답게 찍었는데 사진 저~ 뒤쪽에 강아지가 나무에 쉬하고 있다든지 이런 거요. 이 단어는 동사, 명사로 자유롭게 사용 가능해요.

Is that Dongsu in the background? 뒤 배경에 저거 동수야?

Yup. This would have been a beautiful picture if he hadn't **photobombed** it.

응. 걔가 (사진을) 망쳐 놓지 않았더라면 너무 예쁜 사진이었을 것을.

It's Facebook official.

"완전 공식적인 사실이야. 검증된 사실이야."란 의미입니다. 꼭 무언가를 Facebook에 올려서가 아니라, 비밀 아니고 유언비어일 가능성도 없는 검증되고 공식적인 사실을 의미하죠.

Did you hear? Yeonghui and Cheolsu are dating.

들었어? 영희랑 철수 사귄대?

Is it Facebook official? 검증된 사실인 거야?

* '영희'는 한글 영어 표기법을 따라 Yeonghui로 표기했습니다.

6 이 날씨 실화냐? 완전 공감!

우리말을 보면서 영어로 할 말을 떠올려 보세요. 06-1.mp3

영희 여기 너무 덥다.

철수 **이 날씨 실화냐?** 집중이 안 돼.

영희 **완전 공감.** 카페 가서 할까?

철수 커피는 네가 사는 거지?

대화 속에 등장했던 이 표현, 절대 놓치지 마세요.

이 날씨 실화냐? 완전 공감!

“이거 실화냐?”는 영어로 Is this for real? 요건 날씨에 대한 거니까 this 대신 this weather라고 해주면 되겠네요. 번역을 보면 알겠지만 손윗사람이나 상사보다는 편한 사이에서 쓰세요. “완전 공감.”은 간단하게 Seriously.라고 해도 되지만 You said it.이라는 표현도 꼭 알아두세요. “네 말이 맞아. 정말 그래.” 즉, “완전 공감.”을 뜻하죠. ‘전적으로 동의한다’는 의미의 I’m totally with you.나 I fully agree.가 정장을 입은 듯한 느낌이라면 You said it.은 캐주얼복장의 가벼운 느낌!

실제 대화에서는 어떻게 말하는지 눈으로 확인하세요. 06-2.mp3

영희 It’s boiling out here.

철수 Is this weather for real? I can’t concentrate.

영희 You said it. Head to a cafe and continue?

철수 You’re buying, right?

* It’s boiling 물이 끓듯이 날씨가 너무 덥다 | out here 여기 바깥 | concentrate 집중하다 | head to 장소 ~로 향하다, 가다 | You’re buying, right? 네가 사는 거지? (여기서는 대화의 맥락상 coffee나 tea 같은 말을 넣지 않아도 “커피/차는 네가 사는 거지?”란 의미)

다양한 속도로 대화문을 들으면서 따라하세요.

06-3.mp3

[천천히 1번~ 실제 속도로 2번~]

영희 It's boiling out here.

여기 너무 덥다.

철수 Is this weather for real? I can't concentrate.

이 날씨 실화냐? 집중이 안 돼.

영희 You said it. Head to a cafe and continue?

완전 공감. 카페 가서 할까?

철수 You're buying, right?

커피는 네가 사는 거지?

대화 속 주인공이 되었다고 상상하면서 말해보세요. 06-4.mp3

[필 충만하게~ 느낌 팍팍 살려~]

넌 지금부터 영희

 여기 너무 덥다.

철수 Is this weather for real? I can't concentrate.

 완전 공감. 카페 가서 할까?

철수 You're buying, right?

넌 지금부터 철수

영희 It's boiling out here.

 이 날씨 실화냐? 집중이 안 돼.

영희 You said it. Head to a cafe and continue?

 커피는 네가 사는 거지?

7 아니, 넌 계산.

mp3듣기

우리말을 보면서 영어로 할 말을 떠올려 보세요. 07-1.mp3

영희 나는 아이스 라떼 할래.

철수 난 따뜻한 아메리카노 할게.

영희 그래 그럼. 나는 가서 자리잡을게.

철수 아니, 넌 계산.

주목! 이 표현 대화 속에 등장했던 이 표현, 절대 놓치지 마세요.

아니, 넌 계산.

⟨take care of 무엇⟩이라 하면 '무엇을 보살피다, 돌보다'라는 의미. You take care of the bill.을 직역하면 '너는 계산서를 돌봐라.' 즉 "네가 계산해라."는 말이 되죠. 응용해 볼까요? "내가 계산할게."라고 말하고 싶다면? I'll take care of the bill.(쓸 일은 없겠지만 알아둡시다.^^)

실제 대화에서는 어떻게 말하는지 눈으로 확인하세요. 07-2.mp3

영희 I'll have an iced latte.

철수 I want a hot Americano.

영희 Okay then. I'll go grab a seat.

철수 No, you take care of the bill.

* go grab a seat 가서 자리를 잡다

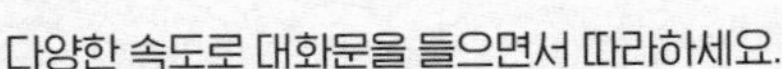

07-3.mp3

[천천히 1번~ 실제 속도로 2번~]

영희 I'll have an iced latte.

나는 아이스 라떼 할래.

철수 I want a hot Americano.

난 따뜻한 아메리카노 할게.

영희 Okay then. I'll go grab a seat.

그래 그럼. 나는 가서 자리잡을게.

철수 No, you take care of the bill.

아니, 넌 계산.

대화 속 주인공이 되었다고 상상하면서 말해보세요. 07-4.mp3

〔필 충만하게~ 느낌 팍팍 살려~〕

넌 지금부터 영희

 나는 아이스 라떼 할래.

철수 I want a hot Americano.

 그래 그럼. 나는 가서 자리잡을게.

철수 No, you take care of the bill.

넌 지금부터 철수

영희 I'll have an iced latte.

 난 따뜻한 아메리카노 할게.

영희 Okay then. I'll go grab a seat.

 아니, 넌 계산.

8 안 해봤으면 말을 마.

mp3듣기

우리말을 보면서 영어로 할 말을 떠올려 보세요. 08-1.mp3

영희 그 드라마 봤어?

철수 나 매 회마다 대성통곡했잖아.

영희 뭐 그렇게 다들 난리법석인지.

철수 안 봤으면 말을 마.

대화 속에 등장했던 이 표현, 절대 놓치지 마세요.

안 해봤으면 말을 마.

문을 두드릴 때 나는 소리인 '똑! 똑!'을 영어로 Knock! Knock!이라고 하지요. 이 knock이라는 단어는 문을 두드린다는 의미 말고도 '비판하다, 깎아내리다'란 의미로도 쓰여요. 그래서 "그것을 비판하지 마."는 Don't knock it.이라고 합니다. 보통 뒤에 'til you try it(해보기 전까지는)을 붙여 사용하는데, "해본 적 없으면 조용~!"이라는 의미죠. 그나저나 저도 미드 몰아보기(binge-watching) 하고 싶네요.

실제 대화에서는 어떻게 말하는지 눈으로 확인하세요. 08-2.mp3

영희 Have you seen the show?

철수 I bawled every episode.

영희 I don't know what the big deal is.

철수 Don't knock it 'til you try it.

* show 드라마, 예능 등 TV 프로그램 | bawl 엄청 괴성을 지르며 울다 (못 생기게 우는 느낌) | big deal 큰 일, 대단한 일

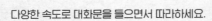

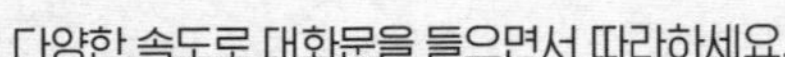

08-3.mp3

[천천히 1번~ 실제 속도로 2번~]

영희 Have you seen the show?

그 드라마 봤어?

철수 I bawled every episode.

나 매 회마다 대성통곡했잖아.

영희 I don't know what the big deal is.

뭐 그렇게 다들 난리법석인지.

철수 Don't knock it 'til you try it.

안 봤으면 말을 마.

대화 속 주인공이 되었다고 상상하면서 말해보세요. 08-4.mp3

[필 충만하게~ 느낌 팍팍 살려~]

넌 지금부터 영희

 그 드라마 봤어?

철수 I bawled every episode.

 뭐 그렇게 다들 난리법석인지.

철수 Don't knock it 'til you try it.

넌 지금부터 철수

영희 Have you seen the show?

 나 매 회마다 대성통곡했잖아.

영희 I don't know what the big deal is.

 안 봤으면 말을 마.

9 큰 거야? (똥 마려워?)

mp3듣기

일단 한번 도전

우리말을 보면서 영어로 할 말을 떠올려 보세요. 09-1.mp3

지금이
바로
괜찮아?
그…
타이밍?

철수 나 배탈 났어.

영희 큰 거야?

철수 그런 거 아냐. 아무래도 식중독 같은데.

영희 너 나 몰래 뭐 먹었어?

대화 속에 등장했던 이 표현, 절대 놓치지 마세요.

큰 거야? (똥 마려워?)

똥을 센스 있게 돌려 말하는 표현이 number two(큰 거, 응가)입니다. 그래서 "큰 거 보러 가야 해?" "큰 거 나올 타이밍이야?"는 Do you need to go number two? 큰 것이 two라면 작은 볼일은 뭘까요? 그렇죠, number one입니다. I'm going number one.(쉬 하러 갈 거야.) 이런 식으로 쓰죠. 친한 사이가 아니라면 I'll be right back.(금방 돌아올게요.)이나 I have to use the bathroom.(화장실 다녀와야 해요.) 정도로만 말해주세요.

실제 대화에서는 어떻게 말하는지 눈으로 확인하세요. 09-2.mp3

철수 I have an upset stomach.

영희 Do you need to go number two?

철수 It's not that. I think I have food poisoning.

영희 Did you eat anything without me?

* upset stomach 아픈 배 (upset 아픈, 속상한) | go number two 큰 거 보러 가다 ('똥 누러 간다'는 의미의 완곡한 표현) | food poisoning 식중독

다양한 속도로 대화문을 들으면서 따라하세요. 09-3.mp3

[천천히 1번~ 실제 속도로 2번~]

철수 I have an upset stomach.

나 배탈 났어.

영희 Do you need to go number two?

큰 거야?

철수 It's not that. I think I have food poisoning.

그런 거 아냐. 아무래도 식중독 같은데.

영희 Did you eat anything without me?

너 나 몰래 뭐 먹었어?

대화 속 주인공이 되었다고 상상하면서 말해보세요. 09-4.mp3

[필 충만하게~ 느낌 팍팍 살려~]

넌 지금부터 철수

 나 배탈 났어.

영희 Do you need to go number two?

 그런 거 아냐. 아무래도 식중독 같은데.

영희 Did you eat anything without me?

넌 지금부터 영희

철수 I have an upset stomach.

 큰 거야?

철수 It's not that. I think I have food poisoning.

 너 나 몰래 뭐 먹었어?

10 현타 오게 하지 마.

mp3듣기

일단 한번 도전

우리말을 보면서 영어로 할 말을 떠올려 보세요. 10-1.mp3

나는 나와
괜찮아…
연애한다

영희 일기예보에서 이번 주말에 눈 온대.

철수 오, 올해 첫눈이네. 기대된다!

영희 데이트 있는 것도 아니면서.

철수 현타 오게 하지 마.

대화 속에 등장했던 이 표현, 절대 놓치지 마세요.

현타 오게 하지 마.

요새 '현타(현실 자각 타임)'란 말 자주 듣죠? 요기 '현타'에 해당되는 영어 표현 하나 소개할게요. 바로 a reality check! '현실 확인, 현실 직시'라는 의미니까, 결국 '현타'라는 말이 됩니다. 그래서 I don't need a reality check.이라고 하면 "난 현실 직시 필요 없어." "현타 오게 하지 마."란 의미.

실제 대화에서는 어떻게 말하는지 눈으로 확인하세요. 10-2.mp3

영희 The forecast is calling for snow this weekend.

철수 Oh, it'll be the first snow of the year. How exciting!

영희 It's not like you have a date.

철수 I don't need a reality check.

* The forecast is calling for + **날씨** 일기예보에서 ~래 (call for는 날씨를 '예보하다'란 의미) | It's not like **주어 + 동사** ~할 것도 아니잖아

다양한 속도로 대화문을 들으면서 따라하세요.

10-3.mp3

[천천히 1번~ 실제 속도로 2번~]

영희 The forecast is calling for snow this weekend.

일기예보에서 이번 주말에 눈 온대.

철수 Oh, it'll be the first snow of the year. How exciting!

오, 올해 첫눈이네. 기대된다!

영희 It's not like you have a date.

데이트 있는 것도 아니면서.

철수 I don't need a reality check.

현타 오게 하지 마.

대화 속 주인공이 되었다고 상상하면서 말해보세요. 10-4.mp3

〔필 충만하게~ 느낌 팍팍 살려~〕

넌 지금부터 영희

 일기예보에서 이번 주말에 눈 온대.

철수 Oh, it'll be the first snow of the year.
How exciting!

 데이트 있는 것도 아니면서.

철수 I don't need a reality check.

넌 지금부터 철수

영희 The forecast is calling for snow
this weekend.

 오, 올해 첫눈이네. 기대된다!

영희 It's not like you have a date.

 현타 오게 하지 마.

More Expressions 2

날씨 및 컨디션·감정

10-5.mp3

I'm feeling under the weather.

감기나 배탈에 걸려, 혹은 영문도 모른 채 그냥 몸 상태가 안 좋을 때 I'm sick.보다 더 많이 쓰이는 표현이 있습니다. 바로 I'm feeling under the weather! 기분이나 몸 상태가 날씨의 영향을 받는다는 게 영어 표현 속에서도 잘 드러나네요.

 You OK? You don't look so good. 괜찮니? 아파 보여.

 **I'm feeling a bit under the weather.** 몸이 좀 안 좋네.

I'm freezing my face off.

"나 너무 추워서 얼어 죽겠어."라고 말하고 싶을 때, I'm cold.는 도대체 느낌이 살지 않습니다. "무지막지하게 춥다고!" "추워 죽겠다고!" 하고 싶을 땐, I'm freezing my face off!라고 말해보세요. '너무 추워서 얼굴이 떨어져 나갈 지경'이라는 의미죠.

 **I'm freezing my face off.** Turn off the AC.
얼어 죽겠다. 에어컨 좀 꺼.

 I'm hot. Deal with it. 난 더워. 참도록 해.

I'm roasting.

너무 심하게 추울 때 I am cold. 정도론 부족하듯, 너무 심하게 더울 때 I am hot. 정도론 직성이 안 풀립니다. I am roasting. "나는 구워지고 있어." 즉, "팍팍 익는다 익어." 이 정도쯤 되어야 나의 참을 수 없는 더움이 느껴지죠.

I'm roasting.

너무 더워서 팍팍 익는다 익어.

Open the window.

창문 열어.

I'm pumping iron.

"근육 운동 중이야."는 I'm lifting weights.라 합니다. 무게 있는 것을 들며 근력 운동을 하고 있다는 의미인데요, 이걸 조금 더 재미있게 표현한 말이 I'm pumping iron.이죠. pump는 '크게 만들다, 공기를 넣다'는 의미이고, iron은 '철, 쇠'를 의미합니다.

I've been pumping iron. How do I look?

요즘 근육 운동 하고 있는데. 어때 보여?

The same.

별다른 거 없는데.

I have a stomach made of steel.

stomach은 '배, 위장, 복부', steel은 '강철'이라는 의미로 stomach made of steel은 '강철로 만든 위장', 즉 자연스럽게 '강철 위장'이라는 말이 됩니다. stomach 대신 다른 신체 부위를 넣어서 응용해 보세요. 어떤 단어를 넣어도 '아~주 튼튼한 신체 부위'가 됩니다.

Is the food too spicy for you?

이 음식 너한테는 너무 매운가?

It's fine. **I have a stomach made of steel.**

괜찮아. 나 강철 위장이야.

I have a sweet tooth.

단 것을 좋아하는 사람에게 He has a sweet tooth.라는 표현을 합니다. He has sweet teeth.가 아니라 He has a sweet tooth.라고 단수로 말해야 한다는 거, 놓치지 마세요!

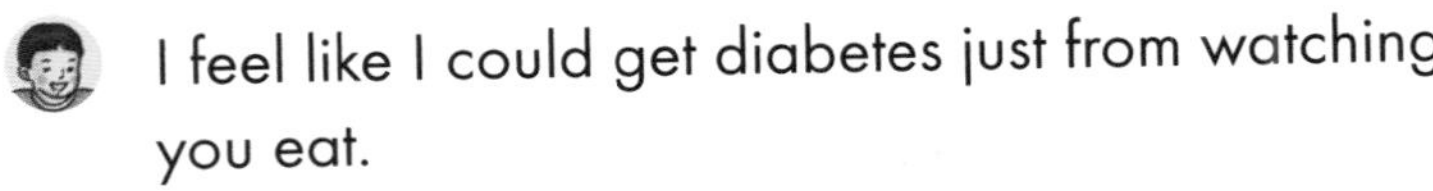

I feel like I could get diabetes just from watching you eat.

너 먹는 것만 보고 있어도 당뇨 걸릴 것 같아.

I have a sweet tooth. Stop watching.

난 달달한 거 좋아하잖아. 그만 쳐다봐.

(It's) Not my cup of tea.

"그거 내 취향 아냐."라는 말, 영어로는 It's not my cup of tea.라 합니다. tea 얘기인 것 같지만 전혀 아니죠. It's not really my thing.이라 해도 좋습니다. It's를 생략하고 말하는 경우도 많아요.

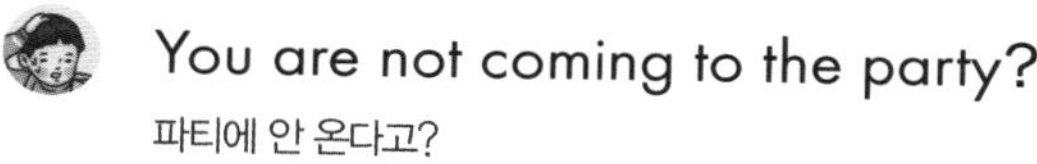

You are not coming to the party?

파티에 안 온다고?

It's gonna be too crowded. **Not really my cup of tea.**

너무 복잡할 듯. 내 취향이 아니야.

* crowded 사람들로 붐비는

I'm thrilled.

I'm thrilled.는 I'm happy. 곱하기 10 정도라 보시면 되겠습니다. 너무 기쁘고 즐겁고 행복해서 하늘을 날 것처럼 짜릿하고 황홀하고 흥분되는 감정을 실어 I'm thrilled!라고 말해보세요.

We get the holiday bonus tomorrow!

내일 휴가 보너스 받는 날이네!

I'm thrilled!

엄청 흥분돼! (좋아 죽겠어!)

I'm over the moon.

I'm happy.도 굉장히 유용한 말이지만 말 그대로 "나는 행복해." 정도의 느낌입니다. 너무 심하게 기쁘거나 행복할 때에는 뭔가 좀 더 센 표현이 필요하죠. I'm over the moon.(좋아 죽겠어. 날아갈 거 같아.) 하면 '너무 좋아서 달을 넘어가버렸다'니까, 너무 행복해서 공중에 붕 뜨는 황홀한 느낌이 잘 드러나죠.

Big profits this month.
이번 달 수익이 좋네요.

My manager is over the moon right now.
우리 매니저님 좋아 죽어요 지금.

on point

on point 하면 '완전 딱인, 정확한, 완벽한'이라는 의미입니다. 동일한 의미로는 exactly right 혹은 perfect가 있죠.

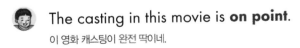

The casting in this movie is **on point**.
이 영화 캐스팅이 완전 딱이네.

I would say it's perfect.
완벽하다 말할 수 있지.

wide-eyed

엄청 놀라거나 무섭거나 할 때 눈이 땡그래진다고 표현하죠? 영어로는 형용사 round-eyed도 좋고 wide-eyed도 좋습니다.

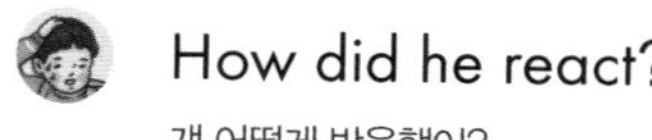

How did he react?

걔 어떻게 반응했어?

He just looked at me all **wide-eyed** and didn't say a thing.

아무 말도 안하고 눈만 땡그랗게 뜨고 나를 그냥 쳐다봤어.

as angry as a bull

"걔가 나한테 화냈어."보다 "걔가 나한테 불같이 화냈어."가 훨씬 격앙된 감정이 느껴지죠? 영어로는 '황소 bull'이라는 단어를 써서 엄청 화난 상태를 as angry as a bull이라 합니다.

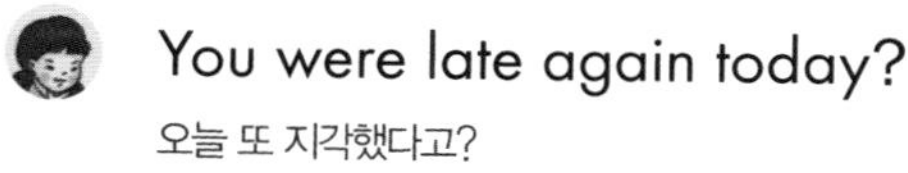

You were late again today?

오늘 또 지각했다고?

Yeah. My boss was **as angry as a bull** this time.

응. 우리 상사 이번에는 진짜 노발대발했어.

#연애 #애인급구

11 걔는 다 가졌어.

우리말을 보면서 영어로 할 말을 떠올려 보세요. 11-1.mp3

영희 나 남자친구 필요해.

철수 민호 어때?

영희 장난하냐?

철수 넌 걔에 대해 아무것도 모르는구나. 걔는 다 가졌어.

대화 속에 등장했던 이 표현, 절대 놓치지 마세요.

걔는 다 가졌어.

흠잡을 데 없고 다방면으로 괜찮은 남자들이 있잖아요? 그런 남성들을 He's got the whole package.(걔는 모든 걸 다 갖췄어.) He is Mr. Perfect.(걔는 완벽남이야.) He has it all.(걔는 다 가졌어.)이라고 표현하죠. 그런데 마지막 표현은 안 좋은 점을 다 갖췄다고 비꼴 때도 사용해요. 짜증 잘 내고, 폭력적이고, 배려심도 없는 사람에게 He really has it all. 하면 "참 가지가지 한다."는 의미가 되죠.

실제 대화에서는 어떻게 말하는지 눈으로 확인하세요. 11-2.mp3

영희 I need a boyfriend.

철수 What about Minho?

영희 You're kidding, right?

철수 You don't know anything about him.
He's got the whole package.

* kid 농담하다 | whole 전체의, 온전한 | package 소포, 꾸러미

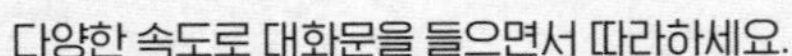

11-3.mp3

[천천히 1번~ 실제 속도로 2번~]

영희 I need a boyfriend.

나 남자친구 필요해.

철수 What about Minho?

민호 어때?

영희 You're kidding, right?

장난하냐?

철수 You don't know anything about him.
He's got the whole package.

넌 걔에 대해 아무것도 모르는구나. 걔는 다 가졌어.

대화 속 주인공이 되었다고 상상하면서 말해보세요. 11-4.mp3

(필 충만하게~ 느낌 팍팍 살려~)

넌 지금부터 영희

 나 남자친구 필요해.

철수 What about Minho?

 장난하냐?

철수 You don't know anything about him.
He's got the whole package.

넌 지금부터 철수

영희 I need a boyfriend.

 민호 어때?

영희 You're kidding, right?

 넌 걔에 대해 아무것도 모르는구나. 걔는 다 가졌어.

12 쫄지 마.

mp3듣기

우리말을 보면서 영어로 할 말을 떠올려 보세요. 12-1.mp3

철수 개한테 데이트 신청 해봤어?

영희 하고 싶었지. 근데 좀 떨리더라고.

철수 쫄지 말고 그냥 질러.

영희 뭐라고 해야 되지? 좀 도와줘 봐.

대화 속에 등장했던 이 표현, 절대 놓치지 마세요.

쫄지 마.

겁이 많은 사람을 chicken이라고 해요. 비속어는 아니고 친한 사이에 재미있게 쓰는 표현이죠. 물론 상대와 분위기를 봐가면서 써주세요. coward나 wimp와도 같은 의미예요. 어떠한 행동을 반복하는 사람에게 그만하라고 할 때 stop -ing 패턴을 쓰거든요. 그래서 "쫄지 마."는 Stop being a chicken.입니다. Stop being a pushover.(호구짓 그만해.)와 같이 사용하면 되겠습니다.

실제 대화에서는 어떻게 말하는지 눈으로 확인하세요. 12-2.mp3

철수 Did you ask him on a date?

영희 I wanted to. But I got a little nervous.

철수 Stop being a chicken and just do it.

영희 What do I say? Help me out here.

* ask someone on a date 누구에게 데이트 신청을 하다 | Help me out here. 이 점에 관해서 나를 도와달라.

다양한 속도로 대화문을 들으면서 따라하세요. 12-3.mp3

〔천천히 1번~ 실제 속도로 2번~〕

철수 Did you ask him on a date?

걔한테 데이트 신청 해봤어?

영희 I wanted to. But I got a little nervous.

하고 싶었지. 근데 좀 떨리더라고.

철수 Stop being a chicken and just do it.

쫄지 말고 그냥 질러.

영희 What do I say? Help me out here.

뭐라고 해야 되지? 좀 도와줘 봐.

대화 속 주인공이 되었다고 상상하면서 말해보세요. 12-4.mp3

[필 충만하게~ 느낌 팍팍 살려~]

넌 지금부터 철수

 걔한테 데이트 신청 해봤어?

영희 I wanted to. But I got a little nervous.

 쫄지 말고 그냥 질러.

영희 What do I say? Help me out here.

넌 지금부터 영희

철수 Did you ask him on a date?

 하고 싶었지. 근데 좀 떨리더라고.

철수 Stop being a chicken and just do it.

 뭐라고 해야 되지? 좀 도와줘 봐.

13 영혼 좀 담아서 말해봐!

mp3듣기

일단 한번 도전

우리말을 보면서 영어로 할 말을 떠올려 보세요. 13-1.mp3

거울은 보고 다니냐
어…
나 예뻐?

철수 오늘 옷에 엄청 힘 줬네!

영희 퇴근하고 데이트 있거든. 나 어때?

철수 완전 예뻐.

영희 영혼 좀 담아서 말해봐!

대화 속에 등장했던 이 표현, 절대 놓치지 마세요.

영혼 좀 담아서 말해봐!

영혼이니까 soul이 등장할까요? 칭찬이든 리액션이든 건성으로 대꾸하는 친구에게 "영혼 좀 담아서 말해봐."라고 할 땐 Say it like you mean it. 입니다. 글자 그대로 풀면 '진심인 것처럼 말해.'가 되죠. "나 어때 보여?"의 How do I look?도 자주 쓰는 말이죠. 대답은 You look nice.(멋져.) You look gorgeous!(아주 근사해!) You look scruffy.(꾀죄죄해.) 등 〈You look **형용사**〉로 합니다.

실제 대화에서는 어떻게 말하는지 눈으로 확인하세요. 13-2.mp3

철수 You're dressed up!

영희 I have a date after work. How do I look?

철수 You look gorgeous.

영희 Say it like you mean it!

* be dressed up 쫙 빼 입다 | gorgeous 멋있는, 아주 매력적인, 예쁜

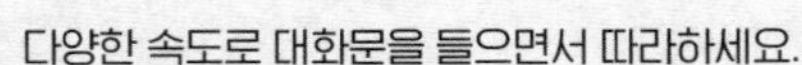

13-3.mp3

[천천히 1번~ 실제 속도로 2번~]

철수 You're dressed up!

오늘 옷에 엄청 힘 줬네!

영희 I have a date after work. How do I look?

퇴근하고 데이트 있거든. 나 어때?

철수 You look gorgeous.

완전 예뻐.

영희 Say it like you mean it!

영혼 좀 담아서 말해봐!

대화 속 주인공이 되었다고 상상하면서 말해보세요. 13-4.mp3

(필 충만하게~ 느낌 팍팍 살려~)

넌 지금부터 철수

 오늘 옷에 엄청 힘 줬네!

영희 I have a date after work. How do I look?

 완전 예뻐.

영희 Say it like you mean it!

넌 지금부터 영희

철수 You're dressed up!

 퇴근하고 데이트 있거든. 나 어때?

철수 You look gorgeous.

 영혼 좀 담아서 말해봐!

14 너나 잘해!

mp3듣기

우리말을 보면서 영어로 할 말을 떠올려 보세요. 14-1.mp3

철수 첫 데이트 어땠나 자세히 말해봐!

영희 친절하더라. 생긴 건 딱히 내 스타일은 아니지만.

철수 외모는 평생 가는 게 아니란다, 친구야.

영희 너나 잘해!

대화 속에 등장했던 이 표현, 절대 놓치지 마세요.

너나 잘해!

제 잘못은 모르고 남의 결점을 지적하는 사람을 보면 기막혀서 "너나 잘하세요!" 하고 외치고 싶죠? 이런 순간에 대비해서 기억해야 할 표현 Look who's talking! 그대로 해석하면 누가 말하고 있는지 보란 뜻이죠. "사돈 남 말하네!" "누가 할 소리!"로도 대체할 수 있어요. 간단히 Says you. 해도 같은 의미입니다. '네가 말하길, 그건 네 말이고', 즉 네 말의 신뢰도가 떨어진다는 깊은 뜻이 담겨 있습니다.

실제 대화에서는 어떻게 말하는지 눈으로 확인하세요. 14-2.mp3

철수 Tell me all about your first date!

영희 He was sweet. But his looks aren't exactly my type.

철수 Looks don't last forever, my friend.

영희 Look who's talking!

---

* Looks don't last forever. 외모는 영원하지 않다. 즉 얼굴 뜯어먹고 사는 거 아니다.

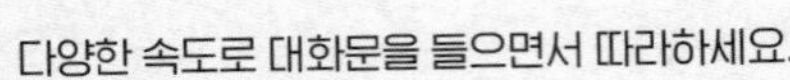

14-3.mp3

[천천히 1번~ 실제 속도로 2번~]

철수 Tell me all about your first date!

첫 데이트 어땠나 자세히 말해봐!

영희 He was sweet. But his looks aren't exactly my type.

친절하더라. 생긴 건 딱히 내 스타일은 아니지만.

철수 Looks don't last forever, my friend.

외모는 평생 가는 게 아니란다, 친구야.

영희 Look who's talking!

너나 잘해!

대화 속 주인공이 되었다고 상상하면서 말해보세요. 14-4.mp3

(필 충만하게~ 느낌 팍팍 살려~)

넌 지금부터 철수

 첫 데이트 어땠나 자세히 말해봐!

영희 He was sweet. But his looks aren't exactly my type.

 외모는 평생 가는 게 아니란다, 친구야.

영희 Look who's talking!

넌 지금부터 영희

철수 Tell me all about your first date!

 친절하더라. 생긴 건 딱히 내 스타일은 아니지만.

철수 Looks don't last forever, my friend.

 너나 잘해!

15 폭풍 칭찬, 요것만 기억해!

우리말을 보면서 영어로 할 말을 떠올려 보세요. 15-1.mp3

철수 드디어 그날이야.

영희 수지랑 처음 데이트 하는구나!

철수 벌써부터 떨려. 잘할 수 있을까?

영희 폭풍 칭찬, 요것만 기억해!!

대화 속에 등장했던 이 표현, 절대 놓치지 마세요.

폭풍 칭찬, 요것만 기억해!

'폭풍 칭찬'은 '칭찬을 쏟아 붇는다'는 의미이니까, 〈shower **누구** with compliments〉! 누구를 칭찬으로 샤워시킨다는 어감이니, 느낌이 팍 오죠? 이 말을 〈Just remember to **동사원형**〉(~만 기억해) 패턴에 붙여 Just remember to shower her with compliments!라고 말하면 완벽.

실제 대화에서는 어떻게 말하는지 눈으로 확인하세요. 15-2.mp3

철수 Finally, the day has come.

영희 Your first date with Suji!

철수 I'm nervous already. Do you think I can do this?

영희 Just remember to shower her with compliments!!

* nervous 초조한, 불안한 | shower 샤워하듯이 쏟아 붓다 | compliment 칭찬

다양한 속도로 대화문을 들으면서 따라하세요. 15-3.mp3

[천천히 1번~ 실제 속도로 2번~]

철수 Finally, the day has come.

드디어 그날이야.

영희 Your first date with Suji!

수지랑 처음 데이트 하는구나!

철수 I'm nervous already. Do you think I can do this?

벌써부터 떨려. 잘할 수 있을까?

영희 Just remember to shower her with compliments!!

폭풍 칭찬, 요것만 기억해!!

대화 속 주인공이 되었다고 상상하면서 말해보세요. 15-4.mp3

[필 충만하게~ 느낌 팍팍 살려~]

넌 지금부터 철수

 드디어 그날이야.

영희 Your first date with Suji!

 벌써부터 떨려. 잘할 수 있을까?

영희 Just remember to shower her with compliments!!

넌 지금부터 영희

철수 Finally, the day has come.

 수지랑 처음 데이트 하는구나!

철수 I'm nervous already. Do you think I can do this?

 폭풍 칭찬, 요것만 기억해!!

husband material

'남편감'을 husband material이라 합니다. '신부감'은 wife material이라 하겠죠? 그 외에도 '대통령감', '장관감' 등 다양한 표현으로 응용해 보세요. material 앞에 단어만 바꾸면 됩니다!

I heard you're with Dongsu. How's that going?
동수랑 사귄다며? 어떻게 돼가고 있어?

Great. He's real **husband material**.
아주 잘 돼가고 있어. 진짜 좋은 신랑감이야.

womanizer

'남자 바람둥이'를 womanizer라 합니다. 반면, 여자 바람둥이를 칭할 때는 manizer라는 표현은 잘 사용하지 않아요. '여자 바람둥이' 표현 중 man-eater라는 조금 무섭게 들리지만 자주 쓰이는 표현이 있습니다.

I'm falling in love. 나 사랑에 빠지고 있어.

No way. He's a total **womanizer**.
절대 안 돼. 걘 완전 바람둥이야.

couple goals

요즘 유행하는 표현입니다. 남자랑 여자랑 둘 다 너무나 완벽한데 그 완벽한 둘이 연인이라면 만인이 부러워하는 '워너비 커플'이겠죠? 모두 다 '우와~~!' 하고 부러워할 만한 이상적인 연인을 couple goals라 부릅니다. '완벽한 커플', '모든 커플의 워너비' 정도로 옮기면 되겠어요.

My boyfriend packed me lunch today.
남친이 오늘 점심 도시락을 싸준 거 있지.

You guys are seriously **couple goals**.
너네 정말 모든 커플의 워너비다.

on and off

연인 사이에서 on and off란 '만났다 헤어졌다를 반복하는' 것을 의미합니다. 주위에도 보면 마치 식사를 하듯 정기적, 주기적으로 만남과 이별을 반복하는 연인들이 있죠. 참, 그것도 힘과 열정이 있어야 가능한 일!

So are they together or not?
그래서 걔네 만난대, 헤어졌대?

Who knows? They're always **on and off**.
누군들 알겠니? 항상 만났다 헤어졌다 반복이잖아.

leading her on

'희망 고문(을 하는 것)'은 말 그대로 〈torturing **누구** with hope〉라 해도 되지만 더욱 빈번하게 사용되는 표현이 있습니다. 〈leading **누구** on〉은 사실이 아닌 것을 사실인양 착각하게 만드는 것을 말하는데 꼭 남녀관계가 아니더라도 적용될 수 있는 표현입니다.

Stop **leading her on** and just say no.
희망 고문 그만하고 그냥 싫다고 말해.

What do you mean? I'm just being nice.
뭔 소리야? 난 그냥 친절하게 대하는 것뿐.

rip off the band-aid

우리말로 '매도 먼저 맞는 놈이 낫다'라고 하지요. 의사 선생님이 하나! 둘!에 주사 놓는 것과 비슷하다고나 할까요. rip off the band-aid는 '반창고를 한 번에 확 떼어버리다'라는 의미입니다. 계속 신경 쓰이느니 한 번 확! 아프고 말라고 조언할 때 유용한 표현이죠.

I have some news, but you won't like it.
소식이 있는데 말야, 너는 별로 안 좋아할 거야.

Just rip off the band-aid.
그냥 당장 빨리 말해.

whipped

whipped의 사전적 의미는 '두드려 맞은', '저어서 거품을 일게 한' 등이 있습니다. 대화에서 whipped는 '잡혀 사는', '쥐었다 폈다 당하는'이라는 뜻이 되겠습니다.

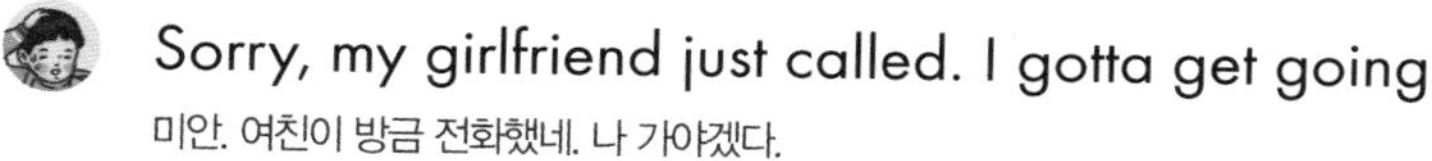

Sorry, my girlfriend just called. I gotta get going.

미안. 여친이 방금 전화했네. 나 가야겠다.

You're so whipped.

너무 잡혀 사네.

one's better half

아내나 남편 혹은 연인을 소개할 때 좀 많이 오글거리긴 하지만, "이 사람 내 반쪽이야."와 같이 말할 때 있잖아요. my other half라는 표현 들어보셨나요? '나의 반쪽'이라는 뜻이고, my better half '나의 더 나은 반쪽'입니다. 뭐 이런 깐깐한 구분 없이 '나의 반쪽'이라고 말하고 싶을 때 이 두 가지 표현 중 아무거나 써도 좋아요.

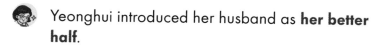

Yeonghui introduced her husband as **her better half.**

영희가 자기 남편을 자신의 반쪽이라고 소개하더라.

You didn't laugh or anything, did you?

너 설마 소리 내서 웃거나 그랬던 건 아니지?

16 걔 보기랑 달라.

mp3듣기

일단 한번 도전

우리말을 보면서 영어로 할 말을 떠올려 보세요. 16-1.mp3

오픈 유어 아이즈!

콩깍지
좀 벗어

철수 나 어제 수지라는 애 처음 만났어. 되게 예쁘더라!

민호 걔 보기랑 달라.

철수 나는 잘 모르겠던데?

민호 내가 걔 실체에 대해 말해주지.

대화 속에 등장했던 이 표현, 절대 놓치지 마세요.

걔 보기랑 달라.

보기랑 다르다는 말은 겉모습만 보고 판단하지 말란 말이잖아요. 이럴 때 〈Don't be fooled by **누구**'s looks.〉란 표현이 딱 좋아요. 문맥상 나(my)나 너(your)가 아닌 '수지의 외모'니까 her looks. 여기서 fool은 바보가 아니라 '속이다'는 동사임에 유의하세요. 하나 더! 버스를 놓쳤을 때 I missed the bus.(버스 놓쳤어.)하잖아요. 뭔가가 이해되지 않을 때도 miss를 써서 What am I missing?(내가 뭘 놓친 거지? 난 잘 모르겠는데.)

실제 대화에서는 어떻게 말하는지 눈으로 확인하세요. 16-2.mp3

철수 I met Suji for the first time yesterday. She's hot!

민호 Don't be fooled by her looks.

철수 What am I missing?

민호 Let me tell you who she really is.

* for the first time 생전 처음으로 | hot 이성에 대해 '아주 예쁘거나 잘생기고 섹시한' 것을 표현하는 형용사 | fool 속이다 | looks 외모 | miss 놓치다

[천천히 1번~ 실제 속도로 2번~]

철수 I met Suji for the first time yesterday. She's hot!

나 어제 수지라는 애 처음 만났어. 되게 예쁘더라!

민호 Don't be fooled by her looks.

걔 보기랑 달라.

철수 What am I missing?

나는 잘 모르겠던데?

민호 Let me tell you who she really is.

내가 걔 실체에 대해 말해주지.

대화 속 주인공이 되었다고 상상하면서 말해보세요. 16-4.mp3

(필 충만하게~ 느낌 팍팍 살려~)

넌 지금부터 철수

 나 어제 수지라는 애 처음 만났어. 되게 예쁘더라!

민호 Don't be fooled by her looks.

 나는 잘 모르겠던데?

민호 Let me tell you who she really is.

넌 지금부터 민호

철수 I met Suji for the first time yesterday.
She's hot!

 걔 보기랑 달라.

철수 What am I missing?

 내가 걔 실체에 대해 말해주지.

17 나이는 숫자일 뿐.

mp3듣기

우리말을 보면서 영어로 할 말을 떠올려 보세요. 17-1.mp3

철수 다음주면 서른이라니 믿기지가 않아.

영희 나이는 숫자일 뿐이야.

철수 아직 마음도 생각도 십대인 것 같은데 말이야.

영희 그리고 너는 볼 때마다 정말 더 어려 보여!

대화 속에 등장했던 이 표현, 절대 놓치지 마세요.

나이는 숫자일 뿐이야.

사실 나이 드는 건 슬프지만 '나이는 숫자일 뿐'이란 표현 많이 쓰죠. Age is just a number! 문장째 익혀두세요. 알아두면 인간관계가 수월해질 수도 있는 표현입니다. 요런 거 더 없냐고요? 있죠! "어려 보여."는 You look younger. 실제 나이보다 더 어려 보인다는 말입니다. You look younger every time I see you. 하면 "볼 때마다 더 젊어지네."라는 의미입니다.

실제 대화에서는 어떻게 말하는지 눈으로 확인하세요. 17-2.mp3

철수 I can't believe I'm turning thirty next week.

영희 Age is just a number.

철수 I still feel and think like a teenager.

영희 And you really look younger every time I see you!

* turn thirty 30살이 되다 | feel and think like ~처럼 느끼고 생각하다 | every time 주어 + 동사 ~가 …할 때마다

다양한 속도로 대화문을 들으면서 따라하세요. 17-3.mp3

[천천히 1번~ 실제 속도로 2번~]

철수 I can't believe I'm turning thirty next week.

다음주면 서른이라니 믿기지가 않아.

영희 Age is just a number.

나이는 숫자일 뿐이야.

철수 I still feel and think like a teenager.

아직 마음도 생각도 십대인 것 같은데 말이야.

영희 And you really look younger every time I see you!

그리고 너는 볼 때마다 정말 더 어려 보여!

대화 속 주인공이 되었다고 상상하면서 말해보세요. 17-4.mp3

[필 충만하게~ 느낌 팍팍 살려~]

넌 지금부터 철수

 다음주면 서른이라니 믿기지가 않아.

영희 Age is just a number.

 아직 마음도 생각도 십대인 것 같은데 말이야.

영희 And you really look younger every time I see you!

넌 지금부터 영희

철수 I can't believe I'm turning thirty next week.

 나이는 숫자일 뿐이야.

철수 I still feel and think like a teenager.

 그리고 너는 볼 때마다 정말 더 어려 보여!

18 네가 아까워.

우리말을 보면서 영어로 할 말을 떠올려 보세요. 18-1.mp3

철수 나 수지랑 헤어졌어.

영희 헐. 무슨 일로?

철수 걔가 바람 피웠어.

영희 잘 찼어. **네가 훨씬 아까워.**

대화 속에 등장했던 이 표현, 절대 놓치지 마세요.

네가 아까워.

실연당한 친구에게 "네가 아까워. 넌 더 괜찮은 사람을 만날 수 있어."라고 위로하고 싶다면 You deserve better.를 기억해 주세요. '너는 그 이상의 자격이 있다'라는 의미로 사람, 사물, 직책을 비롯한 어떤 주제에도 사용할 수 있는 표현입니다. 하나 더! 'A가 B 몰래 C와 바람 폈다'고 할 때는 A cheated on B with C. 전치사 사용에 주의하세요~.

실제 대화에서는 어떻게 말하는지 눈으로 확인하세요. 18-2.mp3

철수 I broke up with Suji.

영희 Oh. What happened?

철수 She cheated on me.

영희 It's a good thing you dumped her.
You really deserve better.

* break up with ~와 헤어지다 | What happened? 무슨 일이 있었어? | It's a good thing 잘한 일이야, 잘됐네 | dump ~를 차다

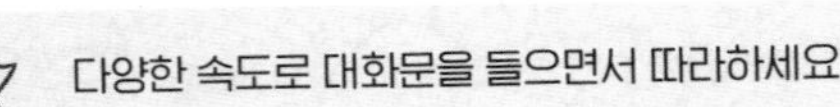

[천천히 1번~ 실제 속도로 2번~]

철수 I broke up with Suji.

나 수지랑 헤어졌어.

영희 Oh. What happened?

헐. 무슨 일로?

철수 She cheated on me.

걔가 바람 피웠어.

영희 It's a good thing you dumped her.
You really deserve better.

잘 찼어. 네가 훨씬 아까워.

대화 속 주인공이 되었다고 상상하면서 말해보세요. 18-4.mp3

[필 충만하게~ 느낌 팍팍 살려~]

넌 지금부터 철수

 나 수지랑 헤어졌어.

영희 Oh. What happened?

 걔가 바람 피웠어.

영희 It's a good thing you dumped her. You really deserve better.

넌 지금부터 영희

철수 I broke up with Suji.

 헐. 무슨 일로?

철수 She cheated on me.

 잘 찼어. 네가 훨씬 아까워.

19 나 걔한테 관심 있어.

우리말을 보면서 영어로 할 말을 떠올려 보세요. 19-1.mp3

철수 **나 수아한테 관심 있는데** 어떻게 고백해야 할지 모르겠어.

영희 작은 선물은 어때?

철수 그거 좋네. 말보다 행동이지, 그치?

영희 그렇지.

대화 속에 등장했던 이 표현, 절대 놓치지 마세요.

나 걔한테 관심 있어.

왠지 끌리고 관심이 가는 사람이 있다면 〈I have a crush on **누구**〉를 기억하세요. crush는 '짓이기다, 뭉개다, 부스러뜨리다' 등 다양한 의미가 있는데 누군가에게 관심이 가는 마음, '호감'의 의미로도 사용됩니다. 그리고 호감을 고백한다고 할 땐 tell을 쓰세요. confess는 잘못을 오랫동안 숨기고 있다가 고백한다는 어감이라 이런 경우엔 tell이 자연스러워요.

실제 대화에서는 어떻게 말하는지 눈으로 확인하세요. 19-2.mp3

철수 I have a crush on Sua, but I don't know how to tell her.

영희 How about a small gift?

철수 That's a good idea. Actions speak louder than words, right?

영희 Yup.

* have a crush on ~에게 관심이 있다 | How about (동)명사? (제안할 때) ~는 어때? | Actions speak louder than words. (속담) 말보다 행동이 중요하다.

다양한 속도로 대화문을 들으면서 따라하세요. 19-3.mp3

[천천히 1번~ 실제 속도로 2번~]

철수 I have a crush on Sua, but I don't know how to tell her.

나 수아한테 관심 있는데 어떻게 고백해야 할지 모르겠어.

영희 How about a small gift?

작은 선물은 어때?

철수 That's a good idea. Actions speak louder than words, right?

그거 좋네. 말보다 행동이지, 그치?

영희 Yup.

그렇지.

대화 속 주인공이 되었다고 상상하면서 말해보세요. 19-4.mp3

〔필 충만하게~ 느낌 팍팍 살려~〕

넌 지금부터 철수

 나 수아한테 관심 있는데 어떻게 고백해야 할지 모르겠어.

영희 How about a small gift?

 그거 좋네. 말보다 행동이지, 그치?

영희 Yup.

넌 지금부터 영희

철수 I have a crush on Sua, but I don't know how to tell her.

 작은 선물은 어때?

철수 That's a good idea. Actions speak louder than words, right?

 그렇지.

20 자책하지 마.

우리말을 보면서 영어로 할 말을 떠올려 보세요. 20-1.mp3

못생긴 네가 참아

철수　수아가 거절했어.

영희　아, 이럴 수가. 어쩌냐.

철수　이제 우린 친구도 될 수 없어. 완전 망했어.

영희　너무 자책하지 마.

대화 속에 등장했던 이 표현, 절대 놓치지 마세요.

자책하지 마.

모든 걸 자기 탓으로 돌리는 친구에게 "(너무) 자책하지 마."라고 한마디 해줘야겠죠? 이럴 때 아주 유용한 표현이 Don't beat yourself up.입니다. '네 자신을 두들겨 패지 마.'라는 뜻이니까 느낌이 확 오죠? 뒤에 about ~을 덧붙이면 '~에 관하여'라는 의미입니다. 그리고 여기서 "완전 망했어."는 "내가 다 망쳤어."라는 맥락으로 I ruined the whole thing.이라고 하면 돼요. ruin은 동사로 쓰이면, '망치다'라는 뜻이 있답니다.

실제 대화에서는 어떻게 말하는지 눈으로 확인하세요. 20-2.mp3

철수 Sua turned me down.

영희 Oh, man. I'm sorry to hear that.

철수 Now we can't even be friends. I ruined the whole thing.

영희 Don't beat yourself up about it.

* turn down ~를 거절하다 | Oh, man 아니, 이런 | beat up ~를 두들겨 패다

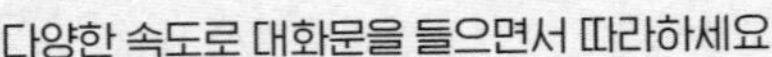

20-3.mp3

[천천히 1번~ 실제 속도로 2번~]

철수 Sua turned me down.

수아가 거절했어.

영희 Oh, man. I'm sorry to hear that.

아, 이럴 수가. 어쩌냐.

철수 Now we can't even be friends.
I ruined the whole thing.

이제 우린 친구도 될 수 없어. 완전 망했어.

영희 Don't beat yourself up about it.

너무 자책하지 마.

대화 속 주인공이 되었다고 상상하면서 말해보세요. 20-4.mp3

[필 충만하게~ 느낌 팍팍 살려~]

넌 지금부터 철수

 수아가 거절했어.

영희 Oh, man. I'm sorry to hear that.

 이제 우린 친구도 될 수 없어. 완전 망했어.

영희 Don't beat yourself up about it.

넌 지금부터 영희

철수 Sua turned me down.

 아, 이럴 수가. 어쩌냐.

철수 Now we can't even be friends. I ruined the whole thing.

 너무 자책하지 마.

take it hard

살다 보면 슬프거나 고통스러운 경험이 있기 마련이죠. 이때 '받아들이기 힘들어 하다', '굉장히 충격적으로 받아들이다'는 의미로 take it hard라는 표현을 씁니다.

 How did she take it? 그 애가 어떻게 받아들였어?

 She **took it** pretty **hard**. 받아들이기를 굉장히 힘들어 했어.

Just shake it off.

shake it off는 '흔들어서 떨구다', 고로 '털어버리다', '극복하다'라는 의미. 이와 흡사한 표현으로 get over it이 있죠. 고백을 거절당한 친구나 실연의 아픔에 젖어 있는 친구에게 Just shake it off.라고 말해보세요. "그냥 털어버려." "그냥 잊어버려."라고 위로하는 말이 됩니다.

 She turned me down.

걔가 나 거절했어.

 You'll be OK. **Just shake it off.**

괜찮을 거야. 그냥 잊어버려.

It's the thought that counts.

"입원해 있었을 때 못 가서 미안. 갑자기 회사에 급한 일이 생겨서."라고 누군가 나에게 말하면 "마음만으로도 고마워." 혹은 "마음이 중요한 거지."라고 답하겠죠? 바로 It's the thought that counts.가 그런 의미입니다. '중요한 것은 마음[생각]이다', 즉 "마음[생각]이 중요한 거지." 라는 얘기이죠.

Did you like Dongsu's gift?
동수 선물 마음에 들었어?

Not really, but **it's the thought that counts.**
별로, 근데 마음이 중요한 거니까.

* count 중요하다

walk in one's shoes

상대방의 입장에서 생각해보면 화낼 일도 줄고 정신건강에도 도움이 되는 듯해요. '~의 신발을 신고 걷다' walk in one's shoes. 바로 '그 사람의 입장에서 생각해보다'라는 의미입니다.

What do you mean you can't do it?
못하겠다니 그게 무슨 소리야?

I have a lot going on. Try **walking in my shoes** for a minute. 나 신경 쓸 게 많잖아. 단 1분만 내 입장에서 생각해 봐.

Just put one foot in front of the other.

'그냥 한 발을 다른 발 앞에 놓아라' 이렇게 해석해보면 마음에 전혀 와닿지 않네요. 이 표현은 한 발작 한 발작 차분차분 해결해 나가라, 즉 "급하게 생각하지 말고 차근차근 해라."라는 의미입니다.

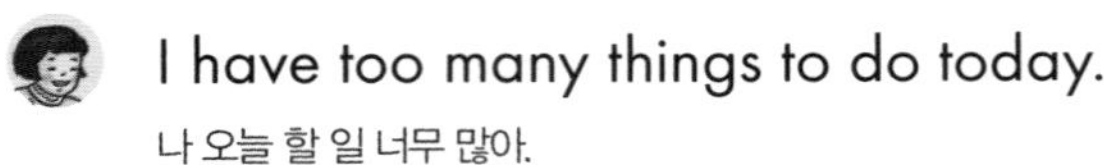

I have too many things to do today.
나 오늘 할 일 너무 많아.

Just put one foot in front of the other.
급하게 하지 말고 차근차근 해.

Hang in there.

Hang in there.는 Don't give up. "포기하지 마."와 흡사한 표현입니다. Don't give up.이 조금 더 능동적인 느낌이라면 Hang in there.는 '견디면 해결될 테니 버텨라'라는 의미가 내포되어 있어요.

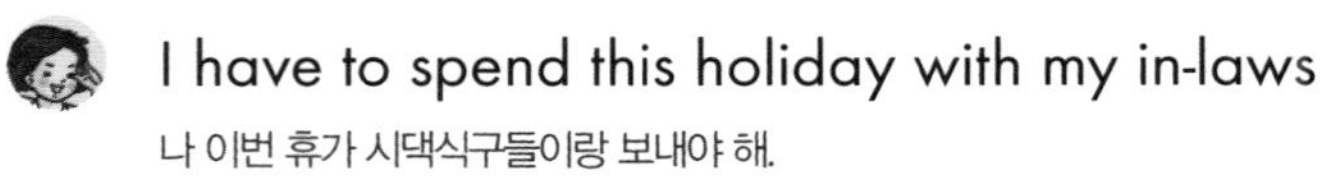

I have to spend this holiday with my in-laws.
나 이번 휴가 시댁식구들이랑 보내야 해.

Hang in there.
잘 견뎌봐.

Don't sweat the small stuff.

sweat은 '땀', '땀을 흘리다'라는 의미. 따라서 Don't sweat the small stuff.라고 하면 "작은 일에 땀 빼지 마."니까 어떤 말인지 느낌이 오죠? "사소한 일에 연연하지 말라."는 유용한 표현입니다. 상대가 "너한테는 이게 사소하니?" 하며 화낼 수도 있으니 정말 사소할 때 사용하세요.

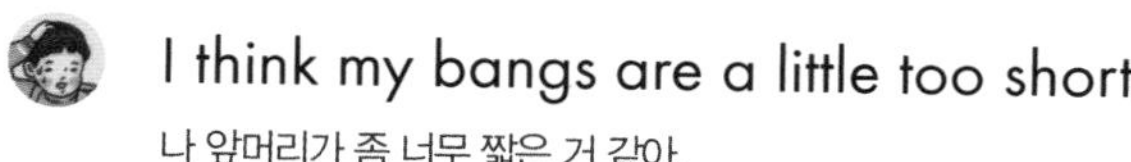

I think my bangs are a little too short.
나 앞머리가 좀 너무 짧은 거 같아.

Don't sweat the small stuff.
그런 사소한 거는 신경 쓰지 마.

You light up the room.

칭찬은 고래도 춤 추게 한다는데 상대를 어떻게 칭찬할지에 대한 고민은 많이 할수록 좋은 것 같습니다. You light up the room. "너는 방을 환하게 한다." 밝은 에너지를 뿜뿜 풍기며 함께 있으면 기분 좋아지고 걔만 오면 분위기 업될 때, 요런 사람에게 바로 You light up the room.이라고 칭찬해주면 됩니다.

You always light up the room. 너는 항상 주위를 환하게 해.

Just tell me what you want. 뭘 원하는지 그냥 말해.

On a scale of 1 to 10, you're an 11.

"100점 만점에 너는 200점이야."라는 의미입니다. (직역하면, 1에서 10까지의 범위에서 너는 11) "너는 타의 추종을 불허한다."는 말은 극찬으로 사용될 수도 있지만 "최악이야."라는 의미가 될 수도 있습니다. 어떤 의미인지 듣는 사람이 정확히 판단할 수 있을 거라 봅니다.

On a scale of 1 to 10, you're an 11.

넌 100점 만점에 200점이야.

You're about an 8.

너는 한 80점.

You're one of a kind.

"너는 정말 특별해."라는 의미로 많이 쓰는 표현입니다. 어떤 상황에서 사용하냐에 따라 "너는 정말 기이한[특이한] 인간이야."라는 의미가 될 수도 있어요.

You're one of a kind.

당신은 정말 특이해요.

Is that a good thing or a bad thing?

좋은 건가요, 나쁜 건가요?

good listener

good listener는 말 그대로 '경청하는 사람'이라는 의미입니다. 영어권 나라에서도 이게 사회 생활에 있어 굉장히 중요한 요소이죠. 좀 더 강조해서 말하고 싶다면 good을 great로 바꿔 말해보세요.

Tell me about your first date!
첫 데이트 어땠는지 얘기 좀 해봐!

First of all, he was a **great listener**.
뭣보다도, 그 사람은 얘기를 참 잘 들어주더라.

beautiful on the inside

'마음이 예쁜'이란 의미. 소개팅 후 상대방을 착하다고 묘사하면 외모가 마음에 안 든다는 의미라고 누가 그러던데 혹시 그런 의심을 받는 게 우려된다면 "너는 얼굴도 예쁜데 마음은 더 예뻐."라고 해주세요. You are even more beautiful on the inside than you are on the outside. 요렇게!

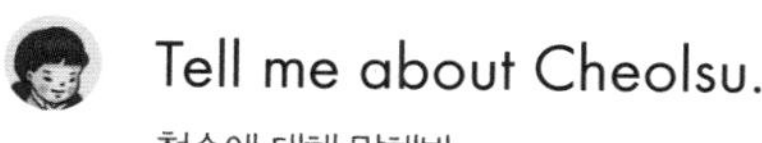

Tell me about Cheolsu.
철수에 대해 말해봐.

He is as **beautiful on the inside** as he is on the outside.
걔는 멋진 외모만큼 마음도 예뻐.

21 지금 해보자는 거야?

우리말을 보면서 영어로 할 말을 떠올려 보세요. 21-1.mp3

철수 머리 잘랐네!

영희 어때? 단발머리 함 해보고 싶었거든.

철수 좀 삼각김밥 같기도 해.

영희 야, 지금 해보자는 거야?

대화 속에 등장했던 이 표현, 절대 놓치지 마세요.

지금 해보자는 거야?

누가 놀리거나 시비를 걸 때 start something(논쟁, 싸움을 시작하다)을 써서 Are you trying to start something?할 수 있어요. "나랑 한판 하자는 거야?"라는 어감이죠. Are를 생략하고 You trying to start something?이라고 하면 어감이 좀 더 강해지죠. 참고로, 우리는 머리 모양을 얘기할 때 삼각김밥에 비유해 말하기도 하지만 요걸 모르는 외국인이 많으니 triangular gimbap보단 그이들 사고방식에 맞춰 helmet을 쓸 것을 추천합니다.

실제 대화에서는 어떻게 말하는지 눈으로 확인하세요. 21-2.mp3

철수 You got a haircut!

영희 How do I look? I've always wanted to try a bob.

철수 It looks kind of like a helmet.

영희 Hey, you trying to start something?

---

* How do I look? 나 어때 보여? | bob 단발머리 | It looks (kind of) like ~ (좀) ~같아 보여 | helmet 헬멧

다양한 속도로 대화문을 들으면서 따라하세요. 21-3.mp3

[천천히 1번~ 실제 속도로 2번~]

철수 You got a haircut!

머리 잘랐네!

영희 How do I look? I've always wanted to try a bob.

어때? 단발머리 함 해보고 싶었거든.

철수 It looks kind of like a helmet.

좀 삼각김밥 같기도 해.

영희 Hey, you trying to start something?

야, 지금 해보자는 거야?

대화 속 주인공이 되었다고 상상하면서 말해보세요. 21-4.mp3

[필 충만하게~ 느낌 팍팍 살려~]

넌 지금부터 철수

 머리 잘랐네!

영희 How do I look? I've always wanted to try a bob.

 좀 삼각김밥 같기도 해.

영희 Hey, you trying to start something?

넌 지금부터 영희

철수 You got a haircut!

 어때? 단발머리 함 해보고 싶었거든.

철수 It looks kind of like a helmet.

 야, 지금 해보자는 거야?

22 몇 킬로 빼보려고.

mp3듣기

우리말을 보면서 영어로 할 말을 떠올려 보세요.

22-1.mp3

철수 나 지금 너무 배고파.

영희 지금 오후 2시인데. 점심 안 먹었어?

철수 사실, 나 다이어트 중이야. 몇 킬로 빼보려고.

영희 정말? 지금 그대로도 너무 보기 좋은데!

대화 속에 등장했던 이 표현, 절대 놓치지 마세요.

몇 킬로 빼보려고.

"살 좀 빼려고."는 보통 I'm trying to lose weight.라고 하죠. 이 경우 lose만큼 자주 쓰는 동사로 drop이 있어요. "몇 킬로 좀 빼보려고."는 I'm trying to drop a few kilos. 하면 됩니다. '살 몇 킬로를 몸에서 떨어뜨리려고'라는 뜻이니, 어감이 생생하게 다가오죠? 그런데 미국에서는 pound라는 단위를 애용해서 I'm trying to drop a few pounds.(몇 파운드 빼보려고.)라고 말하죠.

실제 대화에서는 어떻게 말하는지 눈으로 확인하세요. 22-2.mp3

철수 I'm starving.

영희 It's two in the afternoon. Didn't you have lunch?

철수 Actually, I'm on a diet. I'm trying to drop a few kilos.

영희 Are you serious? You look great as it is!

* be starving 배가 고파 죽을 지경이다 | be on a diet 다이어트 중이다 | Are you serious? 정말? 진심이니? | as it is 지금 그대로

다양한 속도로 대화문을 들으면서 따라하세요. 22-3.mp3

[천천히 1번~ 실제 속도로 2번~]

철수 I'm starving.

나 지금 너무 배고파.

영희 It's two in the afternoon. Didn't you have lunch?

지금 오후 2시인데. 점심 안 먹었어?

철수 Actually, I'm on a diet. I'm trying to drop a few kilos.

사실, 나 다이어트 중이야. 몇 킬로 빼보려고.

영희 Are you serious? You look great as it is!

정말? 지금 그대로도 너무 보기 좋은데!

대화 속 주인공이 되었다고 상상하면서 말해보세요. 22-4.mp3

(필 충만하게~ 느낌 팍팍 살려~)

넌 지금부터 철수

 나 지금 너무 배고파.

영희 It's two in the afternoon. Didn't you have lunch?

 사실, 나 다이어트 중이야. 몇 킬로 빼보려고.

영희 Are you serious? You look great as it is!

넌 지금부터 영희

철수 I'm starving.

 지금 오후 2시인데. 점심 안 먹었어?

철수 Actually, I'm on a diet. I'm trying to drop a few kilos.

 정말? 지금 그대로도 너무 보기 좋은데!

23 뭔 소리세요?

mp3듣기

우리말을 보면서 영어로 할 말을 떠올려 보세요. 23-1.mp3

민아 내 계획은 이틀에 한 끼 먹는 거야.

영희 뭔 소리세요?

민아 나 다이어트 하고 있다고.

영희 그 계획 참 별로일세.

대화 속에 등장했던 이 표현, 절대 놓치지 마세요.

뭔 소리세요?

얼토당토않는 소리를 하는 친구에게 What are you talking about?(무슨 소리야?)이 약할 것 같다면 What kind of crap are you spewing?을 추천합니다. crap은 '허튼소리, 헛소리, 말도 안 되는 소리'를, spew([스퓨]라고 발음해요)는 '분출하다, 뿜어내다'입니다. You are spewing crap.(너는 헛소리를 뿜어내고 있다.) 고로, "뭔 말도 안 되는 소리여~"라는 의미겠죠? 편한 사이에만 쓰세요~.

실제 대화에서는 어떻게 말하는지 눈으로 확인하세요. 23-2.mp3

민아 My plan is to have one meal every other day.

영희 What kind of crap are you spewing?

민아 I'm on a diet.

영희 Your plan sucks.

---

* every other day 하루 걸러 | ~ suck(s) ~가 형편없다, 후졌다, 완전 별로다

다양한 속도로 대화문을 들으면서 따라하세요. 23-3.mp3

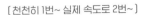

[천천히 1번~ 실제 속도로 2번~]

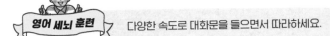

민아 My plan is to have one meal every other day.

내 계획은 이틀에 한 끼 먹는 거야.

영희 What kind of crap are you spewing?

뭔 소리세요?

민아 I'm on a diet.

나 다이어트 하고 있다고.

영희 Your plan sucks.

그 계획 참 별로일세.

접신 롤플레이 ★★★★★ 대화 속 주인공이 되었다고 상상하면서 말해보세요. 23-4.mp3

[필 충만하게~ 느낌 팍팍 살려~]

넌 지금부터 민아

 내 계획은 이틀에 한 끼 먹는 거야.

영희 What kind of crap are you spewing?

 나 다이어트 하고 있다고.

영희 Your plan sucks.

넌 지금부터 영희

민아 My plan is to have one meal every other day.

 뭔 (개)소리세요?

민아 I'm on a diet.

 그 계획 참 별로일세.

24 얼굴에 뭐가 엄청 올라와.

mp3듣기

우리말을 보면서 영어로 할 말을 떠올려 보세요. 24-1.mp3

철수 얼굴에 뭐가 엄청 올라와.

영희 요새 스트레스 받는 일 있어?

철수 그것도 그렇고, 요즘 잠을 충분히 못 잔 거 같아.

영희 기름진 음식도 피하는 게 좋을 것 같아.

대화 속에 등장했던 이 표현, 절대 놓치지 마세요.

얼굴에 뭐가 엄청 올라와.

얼굴에 뾰루지나 여드름 같은 게 튀어나오는 것을 break out이라고 합니다. 그래서 My face is breaking out.이라고 말하면 "얼굴에 뾰루지나 여드름 같은 게 올라온다."는 의미가 되는 거죠. 하나 더! '(당신이 얘기한) 그 말도 맞고 + 또 다른 이유 하나 추가'라고 할 때는 〈That, and **또 다른 이유**〉라는 식으로 말하는 게 아주 자연스러운 화법입니다.

실제 대화에서는 어떻게 말하는지 눈으로 확인하세요. 24-2.mp3

철수 My face is breaking out.

영희 Have you been stressed out lately?

철수 That, and I probably haven't been sleeping enough.

영희 Maybe you should also avoid oily food.

* be stressed out 스트레스를 받다 | oily food 기름진 음식

다양한 속도로 대화문을 들으면서 따라하세요.

24-3.mp3

[천천히 1번~ 실제 속도로 2번~]

철수 **My face is breaking out.**

얼굴에 뭐가 엄청 올라와.

영희 **Have you been stressed out lately?**

요새 스트레스 받는 일 있어?

철수 **That, and I probably haven't been sleeping enough.**

그것도 그렇고, 요즘 잠을 충분히 못 잔 거 같아.

영희 **Maybe you should also avoid oily food.**

기름진 음식도 피하는 게 좋을 것 같아.

대화 속 주인공이 되었다고 상상하면서 말해보세요. 24-4.mp3

넌 지금부터 철수

[필 충만하게~ 느낌 팍팍 살려~]

 얼굴에 뭐가 엄청 올라와.

영희 Have you been stressed out lately?

 그것도 그렇고, 요즘 잠을 충분히 못 잔 거 같아.

영희 Maybe you should also avoid oily food.

넌 지금부터 영희

철수 My face is breaking out.

 요새 스트레스 받는 일 있어?

철수 That, and I probably haven't been sleeping enough.

 기름진 음식도 피하는 게 좋을 것 같아.

25 얼굴에서 빛이 난다!

우리말을 보면서 영어로 할 말을 떠올려 보세요. 25-1.mp3

민지 너 오늘 얼굴에서 빛이 난다!

영희 고마워.

민지 (얼굴에) 뭐 했어~?

영희 아, 이 팩 쓰고 있는데 나한테 잘 맞는 것 같아.

대화 속에 등장했던 이 표현, 절대 놓치지 마세요.

너 오늘 얼굴에서 빛이 난다!

오늘따라 더 예쁘고 생기 있어 보이는 친구에게 얼굴에서 빛이 난다고 칭찬 한 마디 날려주고 싶다! 요럴 땐 '빛나다'는 뜻의 동사 glow를 써서 You are glowing today! 하면 됩니다. 피부가 진짜로 반짝반짝 빛이 날 때도 쓸 수 있죠. 어떤 것이 '나한테 잘 맞다, 효과가 좋다'는 〈**무엇** works for me〉를 알아두면 유용합니다.

실제 대화에서는 어떻게 말하는지 눈으로 확인하세요. 25-2.mp3

민지 You are glowing today!

영희 Thanks.

민지 What did you do?

영희 Oh, I've been using this face pack and it really works for me.

* work 효과가 있다, 잘 되어 가다

다양한 속도로 대화문을 들으면서 따라하세요. 25-3.mp3

〔천천히 1번~ 실제 속도로 2번~〕

민지 You are glowing today!

너 오늘 얼굴에서 빛이 난다!

영희 Thanks.

고마워.

민지 What did you do?

(얼굴에) 뭐 했어~?

영희 Oh, I've been using this face pack and it really works for me.

아, 이 팩 쓰고 있는데 나한테 잘 맞는 것 같아.

대화 속 주인공이 되었다고 상상하면서 말해보세요. 25-4.mp3

[필 충만하게~ 느낌 팍팍 살려~]

넌 지금부터 민지

 너 오늘 얼굴에서 빛이 난다!

영희 Thanks.

 (얼굴에) 뭐 했어~?

영희 Oh, I've been using this face pack and it really works for me.

넌 지금부터 영희

민지 You are glowing today!

 고마워.

민지 What did you do?

 아, 이 팩 쓰고 있는데 나한테 잘 맞는 것 같아.

연애·뷰티

hottie

영화나 미드를 보면 Hey, hottie.라는 인사가 나오곤 합니다. '얼굴, 몸매 등이 예쁜 여자', '얼굴, 몸매 등이 멋있는 남자'를 hottie라 부르죠.

Ask him out. He's a **hottie**.
재한테 만나자고 해봐. 엄청 핫하다.

At this point I'm used to loneliness.
이 시점에서 난 외로움에 익숙해져 있어.

* be used to **(동)명사** ~에 익숙하다

take my breath away

〈**무엇** take(s) my breath away〉라 하면 '무엇이 너무 아름다워서[경이로워서] 숨이 멎을 것 같다'는 의미입니다.

How do I look?
나 어때 보여?

Amazing. You **take my breath away**.
정말 예뻐. 숨이 멎을 정도로.

out of my league

'나의 리그 밖이다'는 '상대가 과하게 괜찮아서 내가 넘볼 수도 없는, 나에게는 과분한'이라는 말입니다. 나의 수준을 벗어났다는 뜻이죠. 요즘 말로는 '넘사벽'이라고나 할까요?

Tell her how you feel.

네가 느끼는 감정을 걔한테 말해.

No way, she's way **out of my league**.

말도 안 돼, 너무 넘사벽이잖아.

* way 너무, 훨씬

two-timing

'양다리'는 어떻게 표현할까요? 다양한 표현이 있지만 그 중 하나 two-timing! 같은 시기에 두 명과 만나는 것을 의미합니다. two-timing A with B는 'A 몰래 B와 양다리 걸치다'라는 뜻이에요.

Did you guys really break up?

너네 진짜 헤어졌어?

Yeah. He was **two-timing** me with some girl from his office.

어. 걔 회사 어떤 여자랑 양다리였던 거 있지.

raccoon eyes

격하게 논 다음 씻지도 않고 잠든 후 아침에 화장 번진 눈을 보면 어떤 동물이 생각날까요? 개 아니구요ㅎㅎㅎㅎㅎㅎ 너구리! 영어권 나라에서도 "너 너구리 됐어!" 이런 표현을 쓴답니다.

Good morning.
좋은 아침이야.

You have **raccoon eyes**. Look in the mirror, please.
너 눈이 너구리 됐어. 제발 거울 좀 봐줘.

boob job

친구들끼리 대화할 때는 breast augmentation(유방 확대 수술)이라는 정석 단어는 잘 사용하지 않습니다. 우리도 친구랑 수다 떨며 "영희 유방 확대 수술 받았대."라고 하는 건 좀 어색하지 않나요? ^^ 이럴 때는 boob job이라고 하죠. 코 수술은 nose job.

That dress looks so good on her.
저 드레스 쟤한테 진짜 잘 어울린다.

That's because she had a **boob job**.
쟤 가슴 수술 해서 그런 거야.

* That's because **주어 + 동사** ~때문에 그런 거야

comb-over

comb은 얇은 빗입니다. 머리 옆쪽으로 가르마를 탄 후 그 빗으로 단정하게 싹 빗어 넘긴 것을 comb-over라 합니다. 2:8 헤어스타일 아시죠? 그거예요.

I think I'm going bald. What should I do?
나 탈모되고 있는 것 같아. 어쩌지?

Whatever you do, don't try and cover it with a **comb-over**.

뭘 하든 간에, 2:8로 감추려고 하지는 말아줘.

the love of my life

'내 인생의 사랑'이라는 것은 '나의 천생연분', '나의 소울메이트'라는 의미입니다. 두 번 다시 만날 수 없다는 확신이 들게 하는 그런 사람을 이렇게 부릅니다.

Dongsu is **the love of my life** and the reason I breathe.

동수는 나의 최고의 사랑이자 내가 숨쉬는 이유야.

Knock it off, would you?
작작 좀 할래?

last season

유행이 지났다고 말할 때 last season을 형용사처럼 사용하기도 합니다. 즉, '한물간', '(한물가서) 엄청 촌스러운'이란 의미로 쓰이죠.

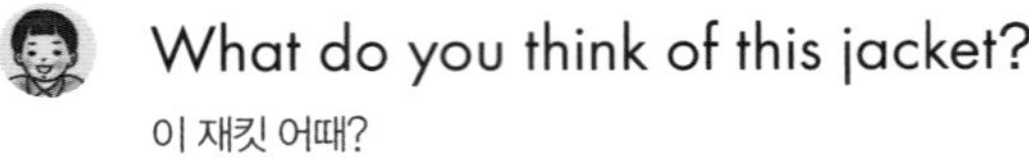

What do you think of this jacket?
이 재킷 어때?

No offence, but it's so **last season**.
기분 나쁘게 듣지 않으면 좋겠는데, 엄청 촌스러.

* No offence, but ~ 기분 나쁘게 듣지 않으면 좋겠는데, ~

fashionista

'패셔니스타'라는 표현 들어보셨죠? 옷을 개성 있게 신경 써서 입는 사람들을 그렇게 부르는데요. 이것은 영어권 나라에서도 쓰는 표현이라는 것, 알고 계셨나요?

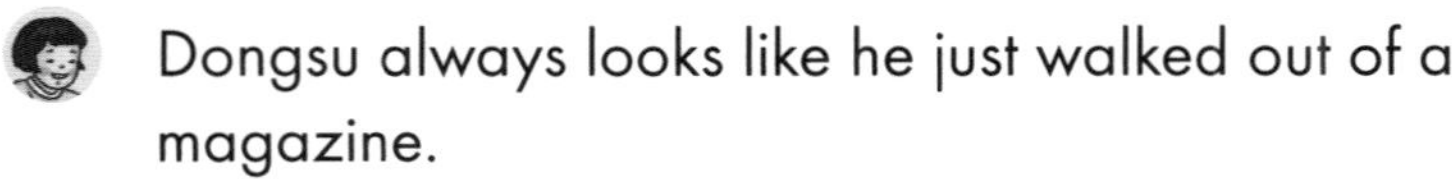

Dongsu always looks like he just walked out of a magazine.
동수는 항상 잡지에서 방금 걸어 나온 것 같아 보여.

I know. He's such a **fashionista**.
내 말이. 걘 진짜 패셔니스타야.

crash diet

살다 보면 다이어트를 벼락치기로 해야 하는 상황이 생길 수 있죠. 벼락치기 다이어트! crash diet라 합니다. 배우들이 자신이 맡은 역할에 따라 요렇게 벼락치기 다이어트를 했다는 일담, 가끔 들어보셨죠?

I am on a **crash diet**.

나 벼락치기 다이어트 중이야.

Good luck with that.

행운을 빈다.

* on a diet 다이어트 중인

killer abs

'복근'을 영어로 rectus abdominis라 하는데 너무나 긴 단어입니다. 긴 건 둘째 치고 일상 대화에서 이 단어는 그다지 사용하지 않아요. '복근'은 abs[æbz]! killer abs라 하면 '탄탄하고 군살 없는 조각 같은 복근'을 뜻합니다.

How do I get **killer abs**?

어떻게 하면 멋진 복근을 만들 수 있을까?

Do you honestly think that I have an answer to that question?

진심으로 내가 그 질문에 대한 답을 안다고 생각하니?

26 처음부터 필이 왔어?

mp3듣기

우리말을 보면서 영어로 할 말을 떠올려 보세요. 26-1.mp3

영희 처음부터 필이 왔어?

철수 완전. 딱 보자마자 사랑에 빠졌지.

영희 어련하실라고.

철수 아냐, 이번엔 진짜라구!

대화 속에 등장했던 이 표현, 절대 놓치지 마세요.

처음부터 필이 왔어?

이성에게 푹 빠져 있는 친구를 보면 "처음부터 필이 왔어?"라고 묻고 싶죠? Did you feel something from the beginning? 구어체에서는 그냥 과거형 평서문으로 말하고 끝만 올려 You felt something from the beginning?이라고 물어보는 경우도 많아요. (felt는 feel '느끼다'의 과거형) 또 빈정거리는 어투로 "어련하실라고."를 날리고 싶다고요? 그렇다면 sarcasm(빈정댐, 비꼼)의 대표 표현, Sure you did.(당연히 그랬겠지. 어련하실라고.)를 빼놓을 수 없죠.

실제 대화에서는 어떻게 말하는지 눈으로 확인하세요. 26-2.mp3

영희 You felt something from the beginning?

철수 Definitely. Right from the moment I saw her, I fell in love.

영희 Sure you did.

철수 No, it's real this time!

* from the beginning 처음부터 | definitely 분명히, 확실히 | fall in love 사랑에 빠지다

영어 세뇌 훈련 ★★★★ 다양한 속도로 대화문을 들으면서 따라하세요. 26-3.mp3

영희 **You felt something from the beginning?**

처음부터 필이 왔어?

철수 **Definitely. Right from the moment I saw her, I fell in love.**

완전. 딱 보자마자 사랑에 빠졌지.

영희 **Sure you did.**

어련하실라고.

철수 **No, it's real this time!**

아냐, 이번엔 진짜라구!

대화 속 주인공이 되었다고 상상하면서 말해보세요. 26-4.mp3

[필 충만하게~ 느낌 팍팍 살려~]

넌 지금부터 영희

 처음부터 필이 왔어?

철수 Definitely. Right from the moment I saw her, I fell in love.

 어련하실라고.

철수 No, it's real this time!

넌 지금부터 철수

영희 You felt something from the beginning?

 완전. 딱 보자마자 사랑에 빠졌지.

영희 Sure you did.

 아냐, 이번엔 진짜라구!

27 재 코 수술했어.

우리말을 보면서 영어로 할 말을 떠올려 보세요. 27-1.mp3

영희 쟤 코 수술했어.

철수 네가 그걸 어떻게 알아?

영희 티 나잖아!

철수 작년에 너도 하지 않았나?

대화 속에 등장했던 이 표현, 절대 놓치지 마세요.

쟤 코 수술했어.

"쟤는 코 했어."라고 말하고 싶으면 He/She got his/her nose done.이라고 하면 됩니다. 직역하면 '쟤는 자기 코를 하게 시켰다' 즉 병원 의사를 시켜 코를 수술했다는 말인 거죠. 이렇게 동사 get에는 전문가의 손에 맡겨 뭔가를 한다는 의미가 내포되어 있기 때문에, 미용실에서 머리를 했거나(I got my hair done today. 나 오늘 머리 했어.), 병원에서 성형을 했다고 할 때는 get을 이용하는 게 일반적이죠.

실제 대화에서는 어떻게 말하는지 눈으로 확인하세요. 27-2.mp3

영희 She got her nose done.

철수 How can you tell?

영희 It's obvious!

철수 You got yours done last year, didn't you?

* How can you tell? 그걸 어떻게 알아? (이때 tell은 '구별해서 알다'란 의미) | obvious 뻔한

다양한 속도로 대화문을 들으면서 따라하세요. 27-3.mp3

[천천히 1번~ 실제 속도로 2번~]

영희 She got her nose done.

재 코 수술했어.

철수 How can you tell?

네가 그걸 어떻게 알아?

영희 It's obvious!

티 나잖아!

철수 You got yours done last year, didn't you?

작년에 너도 하지 않았나?

대화 속 주인공이 되었다고 상상하면서 말해보세요. 27-4.mp3

[필 충만하게~ 느낌 팍팍 살려~]

넌 지금부터 영희

 걔 코 수술했어.

철수 How can you tell?

 티 나잖아!

철수 You got yours done last year, didn't you?

넌 지금부터 철수

영희 She got her nose done.

 네가 그걸 어떻게 알아?

영희 It's obvious!

 작년에 너도 하지 않았나?

28 걔가 나한테 엄청 뭐라더라.

우리말을 보면서 영어로 할 말을 떠올려 보세요. 28-1.mp3

영희 남친이 아까 나한테 엄청 뭐라더라.

철수 뭐 땜에?

영희 한두 가지가 아니었어. 어디서부터 시작해야 할지 모르겠네.

철수 사실, 나 별로 안 궁금해.

대화 속에 등장했던 이 표현, 절대 놓치지 마세요.

남친이 아까 나한테 엄청 뭐라더라.

go off는 '전기나 수도가 나가다'라는 의미로 많이 쓰이지만, 사람을 주어로 쓰면 '~가 버럭 화를 낸다'는 의미. '누가 나한테(on me) 버럭 화를 냈다'고 하려면 〈**누구** went off on me〉라고 하면 되죠. '좀 전에, 아까' 화냈다고 덧붙이고 싶다면 뒤에 a while ago만 살짝 곁들여 주세요.

실제 대화에서는 어떻게 말하는지 눈으로 확인하세요. 28-2.mp3

영희 My boyfriend went off on me a while ago.

철수 Over what?

영희 It wasn't just one or two things. I don't know where to start.

철수 Actually, I don't wanna know.

* a while ago 조금 전에 | not just one or two things 한두 가지가 아닌 | I don't know where to start. (일이나 이야기가 하도 복잡하게 꼬여서) 어디서부터 시작해야 할지 모르겠다.

다양한 속도로 대화문을 들으면서 따라하세요. 28-3.mp3

[천천히 1번~ 실제 속도로 2번~]

영희 My boyfriend went off on me a while ago.

남친이 아까 나한테 엄청 뭐라더라.

철수 Over what?

뭐 땜에?

영희 It wasn't just one or two things.
I don't know where to start.

한두 가지가 아니었어. 어디서부터 시작해야 할지 모르겠네.

철수 Actually, I don't wanna know.

사실, 나 별로 안 궁금해.

대화 속 주인공이 되었다고 상상하면서 말해보세요. 28-4.mp3

〔필 충만하게~ 느낌 팍팍 살려~〕

넌 지금부터 영희

 남친이 아까 나한테 엄청 뭐라더라.

철수 Over what?

 한두 가지가 아니었어. 어디서부터 시작해야 할지 모르겠네.

철수 Actually, I don't wanna know.

넌 지금부터 철수

영희 My boyfriend went off on me a while ago.

 뭐 땜에?

영희 It wasn't just one or two things. I don't know where to start.

 사실, 나 별로 안 궁금해.

29 나 원래 집순이잖아.

mp3듣기

일단 한번 도전 우리말을 보면서 영어로 할 말을 떠올려 보세요. 29-1.mp3

철수 야, 뭐해?

영희 그냥 있어. **나 원래 집순이잖아.**

철수 나와. 저녁 먹자.

영희 사서 집 앞에 두고 가면 안 될까?

대화 속에 등장했던 이 표현, 절대 놓치지 마세요.

나 원래 집순이잖아.

'집순이/집돌이'에 가장 찰떡같이 어울리는 표현은 homebody예요. home이 '집', body는 '몸'이니까 이해되죠? You know I'm a homebody.(나 원래 집순이/집돌이잖아.) 종교적인 이유로 은둔하는 사람을 말하는 hermit도 요즘엔 집순이/집돌이란 의미로 쓰여요. 아니면 I was in my pajamas all weekend.(주말 내내 잠옷 입고 있었지 뭐. → 주말 내내 집에 있었어.)로 돌려 말할 수도 있지요.

실제 대화에서는 어떻게 말하는지 눈으로 확인하세요. 29-2.mp3

철수 Hey, what are you up to?

영희 Nothing. You know I'm a homebody.

철수 Come out. Let's have dinner.

영희 Can you buy something for me and leave it at my door?

* homebody 방콕족 (집순이/집돌이) | leave A at B A를 B에 놓고 가다

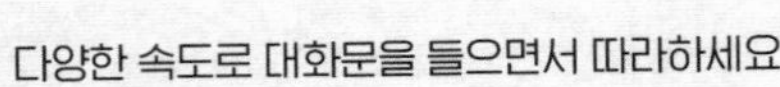

29-3.mp3

[천천히 1번~ 실제 속도로 2번~]

철수 Hey, what are you up to?

야, 뭐해?

영희 Nothing. You know I'm a homebody.

그냥 있어. 나 원래 집순이잖아.

철수 Come out. Let's have dinner.

나와. 저녁 먹자.

영희 Can you buy something for me and leave it at my door?

사서 집 앞에 두고 가면 안 될까?

대화 속 주인공이 되었다고 상상하면서 말해보세요. 29-4.mp3

[필 충만하게~ 느낌 팍팍 살려~]

넌 지금부터 철수

 야, 뭐해?

영희 Nothing. You know I'm a homebody.

 나와. 저녁 먹자.

영희 Can you buy something for me and leave it at my door?

넌 지금부터 영희

철수 Hey, what are you up to?

 그냥 있어. 나 원래 집순이잖아.

철수 Come out. Let's have dinner.

 사서 집 앞에 두고 가면 안 될까?

30 우린 통하는 게 많아.

mp3듣기

일단 한번 도전

우리말을 보면서 영어로 할 말을 떠올려 보세요. 30-1.mp3

끼부리는 중
뭐하냐???
내 맘 알지?

영희 이 말을 어떻게 해야 할지 모르겠네. 음…

철수 뭔데?

영희 너도 알겠지만 우린 통하는 부분이 많잖아.

철수 나도 그렇게 생각해. 그래서?

대화 속에 등장했던 이 표현, 절대 놓치지 마세요.

우린 통하는 게 많아.

사랑 고백을 할 때도 한창 연애를 할 때도 남녀 사이의 공통점이 화두가 될 때가 많죠? 이럴 때 가장 많이 쓰이는 표현이 바로 "우린 통하는 게 많아. 공통점이 많아."입니다. We have a lot in common. 반대로 "우리는 공통점이 하나도 없어."는 We have NOTHING in common.이라고 하면 되죠.

실제 대화에서는 어떻게 말하는지 눈으로 확인하세요. 30-2.mp3

영희 I don't know how to say this. Umm...

철수 What is it?

영희 You know, we have a lot in common.

철수 I agree. And?

* how to say this 이걸 어떻게 말해야 될지 | in common 공통적으로

다양한 속도로 대화문을 들으면서 따라하세요. 30-3.mp3

〔천천히 1번~ 실제 속도로 2번~〕

영희 I don't know how to say this. Umm...

이 말을 어떻게 해야 할지 모르겠네. 음…

철수 What is it?

뭔데?

영희 You know, we have a lot in common.

너도 알겠지만 우린 통하는 부분이 많잖아.

철수 I agree. And?

나도 그렇게 생각해. 그래서?

대화 속 주인공이 되었다고 상상하면서 말해보세요. 30-4.mp3

[필 충만하게~ 느낌 팍팍 살려~]

넌 지금부터 영희

 이 말을 어떻게 해야 할지 모르겠네. 음…

철수 What is it?

 너도 알겠지만 우린 통하는 부분이 많잖아.

철수 I agree. And?

넌 지금부터 철수

영희 I don't know how to say this. Umm...

 뭔데?

영희 You know, we have a lot in common.

 나도 그렇게 생각해. 그래서?

sense of humor

'유머감각'은 사회생활에 있어 플러스 요소인 듯합니다. '뛰어난 유머감각'은 a great sense of humor. 유머감각 따위는 개나 줘버린 상태는 no sense of humor, '최악의 유머감각'은 a terrible sense of humor.

Cheolsu is the perfect husband material, right?
철수는 정말 완벽한 신랑감이야, 그치?

Unfortunately, he has no **sense of humor**.
불행히도, 걔 유머감각이 제로야.

light-hearted

'편하게 느껴지는, 마음이 가벼운 듯 보이는, 유쾌한'이라는 의미. '가벼운'과는 아주 다른 의미이니 유의하세요. light-hearted person은 '유쾌한 사람', light-hearted speech는 '편하게 들을 수 있는 연설'.

I like Yeonghui's **light-hearted** attitude.
난 영희의 유쾌한 태도가 좋아.

Me, too. She's always so cheerful.
나도, 걔는 항상 참 쾌활하지.

heart-broken

마음이 갈기갈기 찢어진 상태를 heart-broken이라 합니다. 돈이 없거나 중요한 시험이 다가와서 마음이 힘든 상황에서 이 표현을 쓰지는 않아요. 상처 받았다는 의미이므로 사랑하는 사람이 이별을 고했다거나 이럴 때 쓸 수 있는 말입니다.

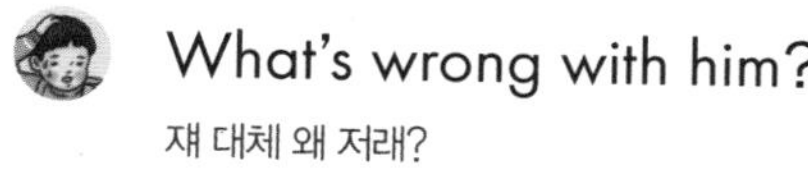

What's wrong with him?
쟤 대체 왜 저래?

He's **heart-broken**. Let's just leave him alone.
쟤 지금 엄청 상처 받은 상태야. 그냥 좀 냅두자.

* leave someone alone 누구를 혼자 있게 내버려두다

the way you are

유명한 노래에 I love you just the way you are라는 가사가 있습니다. '있는 그대로의 너를 사랑한다'는 뜻이지요. the way you are(있는 그대로의 너, 너 자체)가 좋을 수도 있고 싫을 수도 있으니 love 대신 다른 단어도 넣어서 연습해 보세요.

Do you think I should go on a diet?
나 다이어트 해야 할 것 같지?

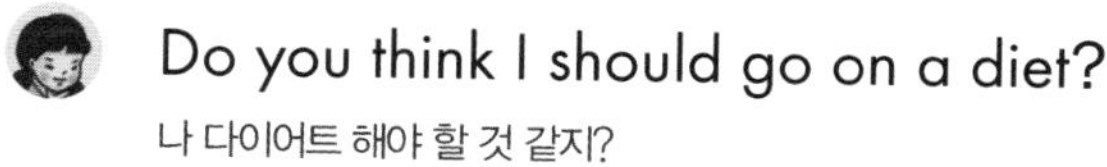

No, I like you just **the way you are**.
아니, 난 너의 있는 모습 그대로가 좋아.

make up one's mind

'마음을 정하다'를 make up one's mind라 합니다. 연애 감정뿐만 아니라 어떤 상황에서도 쓸 수 있는 표현이죠. 그래서 "마음을 정해." "넌 결정을 해야 할 필요가 있어."는 You need to make up your mind.

I still can't decide which one to wear.
어떤 걸 입어야 할지 아직 결정을 못하겠어.

Just **make up your mind**. We're already late.
그냥 빨리 정해. 우리 벌써 늦었어.

dress up

'옷을 차려 입다'는 dress up, '멋에 신경 쓰지 않고 옷을 편하게 입다'는 dress down이라 합니다. 정장으로 쫙 빼 입는 것은 dress up, 찢어진 청 반바지에 목 약간 늘어난 티셔츠를 입는 것은 dress down.

Do I need to **dress up** for this event?
이 행사 차려 입고 가야 하나?

I don't think so.
안 그래도 될 것 같아.

wear one's heart on one's sleeve

wear one's heart on one's sleeve를 직역하면 '심장을 소매 위에 차고 있다'가 되죠. 몸 안에 있어야 할 심장이 소매 위에 있으면 어떨까요? 더 잘 보이겠죠. ㅎㅎㅎ 거짓말도 못하고 무슨 생각하는지 뻔히 들여다 보이는 사람을 묘사할 때 사용하는 표현입니다.

Yeonghui is the sweetest person I've ever met.
영희가 내가 만난 사람 중 제일 착한 것 같아.

She really **wears her heart on her sleeve**.
정말 걔는 감정이나 생각이 훤히 다 드러나더라.

have a crush on

'누구에게 관심 있다, 반하다'라고 하려면 〈have a crush on **누구**〉라 합니다. 〈be interested in **누구**〉도 비슷하게 사용할 수 있는 표현인데, be interested in(~에 관심 있다)은 관심의 대상이 사람뿐 아니라 그 어떤 것도 될 수 있죠. 예를 들어, I'm interested in traveling.(나는 여행에 관심이 있어요.)처럼 말입니다.

Every time my phone buzzes, I hope that it's Cheolsu. 전화가 울릴 때마다 철수면 좋겠다고 생각해.

Dear God! You totally **have a crush on** him!
이럴 수가! 너 완전 걔한테 반했구나!

peck on the cheek

'뽀뽀'와 '키스'는 어떻게 보면 하늘과 땅 차이라 할 수도 있지 않을까요? '키스'는 kiss이고 '볼에 쪽 하는 뽀뽀'는 peck on the cheek이라 합니다.

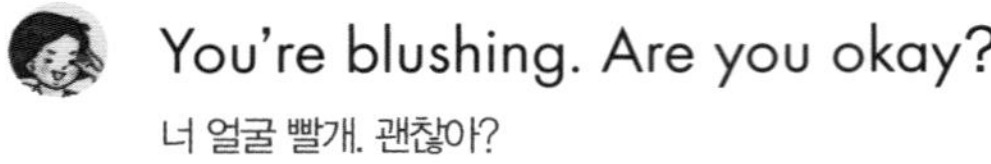

You're blushing. Are you okay?
너 얼굴 빨개. 괜찮아?

She just gave me a **peck on the cheek**. I can't breathe right now.
걔가 방금 내 얼굴에 뽀뽀했어. 나 지금 숨을 못 쉬겠어.

pop the question

직역하면 '질문을 불쑥 던지다'. 이게 어떤 의미인지 추측이 되시나요? 바로 '청혼하다'는 뜻입니다. 관사 하나만 잘못 쓰거나 빠져도 망가진 표현이 되니 이 세 단어 기억하세요. pop the question!

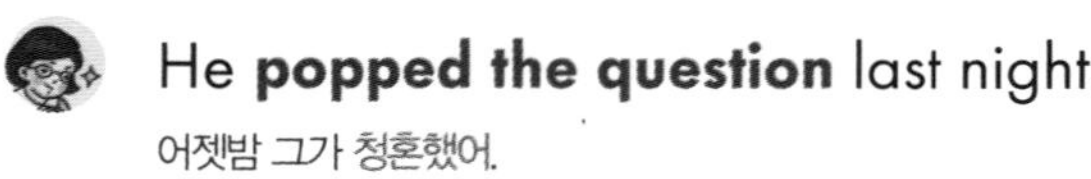

He **popped the question** last night.
어젯밤 그가 청혼했어.

Wow! So what did you say?
우와! 그래서 뭐라고 답했어?

over text

그녀가 고백했어 '문자로', 그가 헤어지자고 했어 '문자로'. 여기에서 '문자로'는 간단하게 over text라 하면 됩니다.

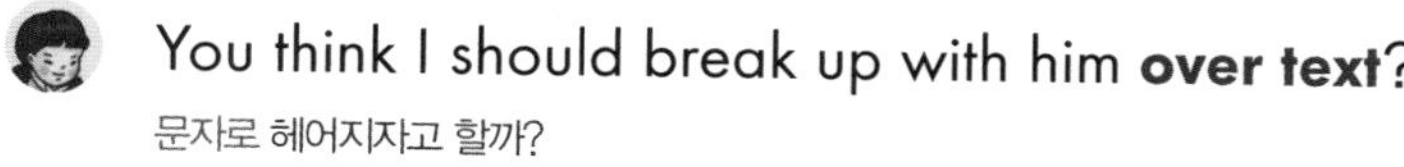

You think I should break up with him **over text**?
문자로 헤어지자고 할까?

That doesn't sound right.
옳지 않은 방법 같다.

pickup line

상대를 유혹하기 위해 하는 '작업 멘트'를 영어로 pickup line이라고 합니다. 센스 있는 작업 멘트, 뭐가 있을까요? 다음 대화에 나오는 대사는 pickup line으로 어떠세요?

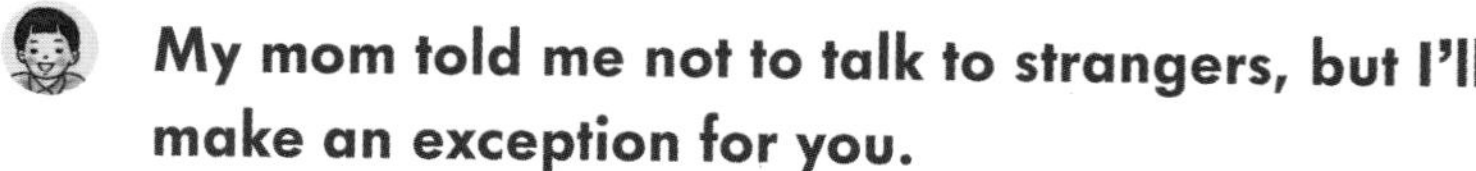

My mom told me not to talk to strangers, but I'll make an exception for you.
엄마가 모르는 사람이랑 말하지 말라고 하셨는데, 당신만 예외로 해드릴게요.

Um...
음…

영어와 10년 넘도록 썸만 타고 있는
우리들을 위한 현실 영어 교과서

★ ★ ★

Real

영어회화? 입이 안 떨어져~

“
말문 터진 입이라
영어로 거침없이 막 말해요!
”

책장 어디를 펼쳐도
진짜 내가 영어로 하고 싶은 말!

**주구장창 써먹을 수 있는
현실 영어회화.zip**

★ ★ ★

Fun

영어공부? 지루해서 못 하겠어~

“
만화책보다 더 재미있는
영어회화 공부!
”

공감 200% 대화와
꿀잼 바른생활 그림의 케미 폭발!

**영어책인 주제에 뭐가 이렇게
재미있게 술술 읽혀?**

★ ★ ★

With

영어책? 어차피 못 볼 거 안 사~

“
3,000명의 학습자와
함께 만든 영어회화책!
”

표현 선정부터 완독
학습 설계와 디자인까지!

**학습자들이 직접 공부하며
함께 만들었다.**

www.gilbut.co.kr

즐거운 영어생활
1교시 일상생활 영어회화

즐거운 영어회화 연습장

제이정 글 | ㈜산돌티움 그림

길벗 이지:톡

제이정 글 | (주)산돌티움 그림

영어 잘할 수 있는 방법?

Practice makes perfect!

연습만이 유창한 영어로 가는 최선입니다.

알면서도 실천이 어려울 뿐ㅠㅠ

그래서 준비했습니다.

부담은 빼고 재미는 더한 영어회화 연습장!

여기까지 오는 동안 여러분이 만난 표현들을

입에 착 붙게 만들어 드리겠습니다.

차례

★ ★ ★

★ ★ ★

영어와 우리말로 막 말해요~

영어표현 자동암기 카드

입에서 막힘없이 바로 튀어 나와야,
상대가 말할 때 알아들어야 진짜 내 실력!
휴대하기 간편하고 mp3파일까지 들을 수 있는
암기카드로 언제 어디서나 부담 없이 훈련하세요!

카드 활용법

이 카드는 앞뒤로 활용할 수 있습니다. 앞면은 우리말을 영어로 말하기, 뒷면은 영어 문장의 우리말 뜻 말하기로 구성되어 있습니다.

(카드 앞면)

❶ 우리말을 영어로 말해보세요.

❷ 말할 수 없다면 해당 과로 돌아가서 확인하세요.

(카드 뒷면)

❸ 영어 표현의 우리말 뜻을 말해보세요.

❹ QR코드를 스캔해서 발음을 확인하세요.(✌ 번 반복)

✂- 절취선을 따라 자르면 휴대하기에 더 좋습니다.

p.12

완전 인스타 감성이네!

2

p.16

(개) 자랑질 쩔어.

Very Instagrammable!

2

She's so hashtag blessed.

3

p.20

너 좀 오버하는 거 아냐?

4

p.24

ㅋㅋㅋㅋ (개웃겨)

3

Aren't you going a little too far?

4

LMAO.

p.28

이번 달 핸드폰 요금 폭탄 맞았어.

p.36

이 날씨 실화냐?
완전 공감!

5

콕 찍어 발음 확인

My phone bill was super high this month.

6

콕 찍어 발음 확인

Is this weather for real?
You said it.

7

p.40

아니, 넌 계산.

8

p.44

안 해봤으면 말을 마.

7

콕 찍어 발음 확인

No, you take care of the bill.

8

콕 찍어 발음 확인

Don’t knock it ’til you try it.

p.48

큰 거야? (똥 마려워?)

p.52

현타 오게 하지 마.

9

큐 찍어 발음 확인

Do you need to go number two?

10

큐 찍어 발음 확인

I don't need a reality check.

11

p.62

개는 다 가졌어.

12

p.66

쫄지 마.

He's got the whole package.

Stop being a chicken.

13

p.70

영혼 좀 담아서 말해봐!

14

p.74

너나 잘해!

13

콕 찍어 발음 확인

Say it like you mean it!

14

콕 찍어 발음 확인

Look who's talking!

15

p.78

폭풍 칭찬, 요것만 기억해!!

16

p.86

걔 보기랑 달라.

15

콕 찍어 발음 확인

Just remember to shower her with compliments!!

16

콕 찍어 발음 확인

Don't be fooled by her looks.

17

p.90

나이는 숫자일 뿐이야.

18

p.94

네가 훨씬 아까워.

17

콕 찍어 발음 확인

Age is just a number.

18

콕 찍어 발음 확인

You really deserve better.

19

p.98

나 수아한테 관심 있어.

20

p.102

너무 자책하지 마.

I have a crush on Sua.

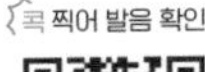

Don’t beat yourself up about it.

21

p.112

지금 해보자는 거야?

22

p.116

몇 킬로 빼보려고.

21

You trying to start something?

22

I'm trying to drop a few kilos.

23

p.120

뭔 (🐶)소리세요?

24

p.124

얼굴에 뭐가 엄청 올라와.

콕 찍어 발음 확인

What kind of crap are you spewing?

24

콕 찍어 발음 확인

My face is breaking out.

p.128

너 오늘 얼굴에서 빛이 난다!

p.138

처음부터 필이 왔어?

25

콕 찍어 발음 확인

You are glowing today!

26

콕 찍어 발음 확인

You felt something from the beginning?

27

p.142

재 코 수술했어.

28

p.146

남친이 아까 나한테 엄청 뭐라더라.

27

콕 찍어 발음 확인

She got her nose done.

My boyfriend went off on me a while ago.

p.150

나 원래 집순이잖아.

p.154

우린 통하는 게 많아.

29

콕 찍어 발음 확인

You know I'm a homebody.

30

콕 찍어 발음 확인

We have a lot in common.

★ ★ ★

마무리 복습과 찾아보기가 동시에!

영어회화
최종점검 인덱스

여기까지 오는 동안 여러분이 만났던 영어회화
표현들의 우리말 뜻을 가나다순으로 정리했습니다.
향상된 실력을 확인하는 [복습용],
궁금한 표현만 콕 집어 찾아주는 [검색용] 등 학습 목적에 맞게 활용하세요.

★ ★ ★

인덱스 활용법

이 코너는 마무리 복습과 표현 검색의 두 가지 용도로 활용할 수 있어요.
여러분의 취향과 학습 목적에 맞게 활용하세요.

[마무리 복습용]

내 영어회화, 얼마나 늘었을까?

우리말을 영어로 바꿔 말해보세요. ✎ 빈칸에 써보아도 좋습니다. 영어 표현이 생각나지 않는다면 오른쪽에 표시된 페이지로 돌아가서 한 번 더 학습하세요. 헷갈렸거나 말하지 못했던 표현은 □에 ☑식으로 체크 표시하고 다음에 다시 도전해 보세요.

[찾아보기용]

이 표현, 영어로는 뭔지 궁금해!

'여기 있는 걸 전부 외우기는 좀 부담스럽다. 나는 그냥 딱 꽂히는 표현, 정말 궁금한 표현만 알고 싶다.' 이런 분들은 인덱스로 활용해 주세요. 표현 옆에 있는 More 1 16과 를 보고 해당 과를 찾거나 ▶ 옆의 페이지 번호로 찾아가면 됩니다. 모든 과의 대표 표현은 파란색으로 표시했습니다.

- [ ] 가는 길. (줄임말) More 1 ▸ p.32

- [ ] 가야 되겠다. (줄임말) More 1 ▸ p.33

- [ ] (걔) 되게 예쁘더라! 16과 ▸ p.87

- [ ] 걔 보기랑 달라. 16과 대표 표현 ▸ p.87

- [ ] (걔) 친절하더라. 14과 ▸ p.75

- [ ] 걔 회사 어떤 여자랑 양다리였던 거 있지. More 5 ▸ p.133

- [ ] 걔가 (사진을) 망쳐 놓지 않았더라면… More 1 ▸ p.35

☐ 걔가 바람 피웠어. 18과 ▸ p.95

✎

☐ (걔가) 받아들이기를 굉장히 힘들어 했어. More 4 ▸ p.106

✎

☐ 걔가 방금 내 얼굴에 뽀뽀했어. More 6 ▸p.162

✎

☐ 걔가 올린 글은 전부 손발이 오그라든다니까. 2과 ▸p.17

✎

☐ 걔가 인스타에 글 올린 거 봤어? 2과 ▸ p.17

✎

☐ (걔넨) 항상 만났다 헤어졌다 반복이잖아. More 3 ▸ p.83

✎

☐ 걔는 다 가졌어. 11과 대표 표현 ▸ p.63

✎

☐ 걔는 멋진 외모만큼 마음도 예뻐. More 4 ▸ p.111

✎

- [ ] 걔는 완벽남이야. 11과 ▸ p.63

- [ ] 걔는 정말이지 다 가졌어. 참 가지가지 한다. 11과 ▸ p.63

- [ ] 걔는 항상 참 쾌활하지. More 6 ▸ p.158

- [ ] 걔한테 데이트 신청 해봤어? 12과 ▸ p.67

- [ ] 걘 대체 왜 그런다니? 2과 ▸ p.17

- [ ] 걘 완전 바람둥이야. More 3 ▸ p.82

- [ ] 구글로 검색해봐. 1과 ▸ p.13

- [ ] 그 계획 참 별로일세. 23과 ▸ p.121

- [ ] 그 드라마 봤어? 8과 ▸ p.45

- [ ] 그 사람은 얘기를 참 잘 들어주더라. More 4 ▸ p.111

- [ ] 그 애가 어떻게 받아들였어? More 4 ▸ p.106

- [ ] 그거 좋네. 19과 ▸ p.99

- [ ] 그건 그렇고 너 차는 고쳤냐? (줄임말) More 1 ▸ p.33

- [ ] 그것도 그렇고, 요즘 잠을 충분히 못 잔 거 같아. 24과 ▸ p.125

- [ ] 그냥 당장 빨리 말해. More 3 ▸ p.84

- [ ] 그냥 빨리 정해. More 6 ▸ p.160

- [ ] (아무것도 안 하고) 그냥 있어. 29과 ▸ p.151

- [ ] 그냥 잊어버려. 그냥 털어버려. More 4 ▸ p.106

- [ ] (걔) 그냥 좀 냅두자. More 6 ▸ p.159

- [ ] 그래, 그럼. 7과 ▸ p.41

- [ ] 그런 거 아냐. 9과 ▸ p.49

- [ ] 그런 사소한 거는 신경 쓰지 마. (사소한 일에 연연하지 마.) More 4 ▸ p.109

- [ ] 그럴 생각은 없었어. More 1 ▸ p.34

- [ ] 근육 운동 중이야. More 2 ▸ p.57

- [ ] (화장실 가고 싶을 때 체면을 차리며) 금방 돌아올게요. 9과 ▸ p.49

- [ ] 금방 올게. (줄임말) More 1 ▸ p.32

- [ ] 금요일이야! 4과 ▸ p.25

- [ ] 급하게 하지 말고 차근차근 해. More 4 ▸ p.108

- [ ] 기대된다! 설렌다! 10과 ▸ p.53

- [ ] 기름진 음식도 피하는 게 좋을 것 같아. 24과 ▸ p.125

- [ ] 기분 나쁘게 듣지 않으면 좋겠는데, 엄청 촌스러. More 5 ▸ p.136

- [ ] 꾀죄죄해. (너 꾀죄죄해 보여.) 13과 ▸ p.71

☐ 나 강철 위장이야. More 2 ▸ p.58

☐ 나 다이어트 하고 있다고. 23과 ▸ p.121

☐ 나 다이어트 해야 할 것 같지? More 6 ▸ p.159

☐ 나 매 회마다 대성통곡했잖아. 8과 ▸ p.45

☐ 나 배탈 났어. 9과 ▸ p.49

☐ 나 벼락치기 다이어트 중이야. More 5 ▸ p.137

☐ 나 새로운 인스타 사진이 필요해. More 1 ▸ p.34

☐ 나 수아한테 관심 있는데 어떻게 고백해야 할지 모르겠어. 19과 ▸ p.99

☐ 나 수아한테 관심 있어. 19과 대표 표현 ▸ p.99

☐ 나 수지랑 헤어졌어. 18과 ▸ p.95

☐ 나 신경 쓸 게 많잖아. More 4 ▸ p.107

☐ 나 어제 수지라는 애 처음 만났어. 16과 ▸ p.87

☐ 나 오늘 머리 했어. 27과 ▸ p.143

☐ 나 오늘 할 일 너무 많아. More 4 ▸ p.108

☐ 나 원래 집순이/집돌이잖아. 29과 대표 표현 ▸ p.151

☐ 나 이제 가봐야 해. More 1 ▸ p.33

- [ ] 나 지금 너무 배고파. 22과 ▸ p.117

- [ ] 나 지금 숨을 못 쉬겠어. More 6 ▸ p.162

- [ ] 나 탈모되고 있는 것 같아. More 5 ▸ p.135

- [ ] 나는 가서 자리잡을게. 7과 ▸ p.41

- [ ] 나는 아이스 라떼 할래. 7과 ▸ p.41

- [ ] 나는 잘 모르겠던데? 16과 ▸ p.87

- [ ] 나도 그렇게 생각해. 그래서? 30과 ▸ p.155

- [ ] 나와. 29과 ▸ p.151

- [ ] 나이는 숫자일 뿐이야. 17과 대표 표현 ▸ p.91

- [ ] 난 너의 있는 모습 그대로가 좋아. More 6 ▸ p.159

- [ ] 난 달달한 거 좋아하잖아. More 2 ▸ p.58

- [ ] 난 따뜻한 아메리카노 할게. 7과 ▸ p.41

- [ ] 난 영희의 유쾌한 태도가 좋아. More 6 ▸ p.158

- [ ] 난 패스할게. (난 사양할게.) 1과 ▸ p.13

- [ ] 남친이 아까 나한테 엄청 뭐라더라. 28과 대표 표현 ▸ p.147

- [ ] 내 계획은 이틀에 한 끼 먹는 거야. 23과 ▸ p.121

- [ ] 내 남친이랑 가려고. 1과 ▸ p.13

- [ ] 내 말이. 걘 진짜 패셔니스타야. More 5 ▸ p.136

- [ ] 내 셀카 어때? More 1 ▸ p.34

- [ ] 내 취향이 아니야. More 2 ▸ p.59

- [ ] 내가 걔 실체에 대해 말해주지. 16과 ▸ p.87

- [ ] 내가 계산할게. 7과 ▸ p.41

- [ ] 진심으로 내가 그 질문에 대한 답을 안다고 생각하니? More 5 ▸ p.137

- [ ] 내일 얘기하자. More 1 ▸ p.32

- [ ] 너 나 몰래 뭐 먹었어? 9과 ▸ p.49

✎ ________

- [ ] 너 눈이 너구리 됐어. More 5 ▸ p.134

✎ ________

- [ ] 너 뭐해? 4과 ▸ p.25

✎ ________

- [ ] 너 어디야? (Where are you?의 문자 버전) More 1 ▸ p.32

✎ ________

- [ ] 너 어젯밤에 정녕 내 연락을 씹은 거야? More 1 ▸ p.34

✎ ________

- [ ] 너 얼굴 빨개. More 6 ▸ p.162

✎ ________

- [ ] 너 오늘 얼굴에서 빛이 난다! 25과 대표 표현 ▸ p.129

✎ ________

- [ ] 너 좀 오버하는 거 아냐? 3과 대표 표현 ▸ p.21

✎ ________

- [ ] 너 좀 오버한다. (작작 좀 해. 해도 해도 너무한다.) 3과 ▸ p.21

- [ ] 너나 잘해! (사돈 남 말하네! 누가 할 소리!) 14과 대표 표현 ▸ p.75

- [ ] 너네 정말 모든 커플의 워너비다. More 3 ▸ p.83

- [ ] 너네 진짜 헤어졌어? More 5 ▸ p.133

- [ ] 너는 볼 때마다 정말 더 어려 보여! 17과 ▸ p.91

- [ ] 너는 얼굴도 예쁜데 마음은 더 예뻐. More 4 ▸ p.111

- [ ] 너는 항상 주위를 환하게 해. More 4 ▸ p.109

- [ ] 너는? 너는 어때? 4과 ▸ p.25

☐ 너도 알겠지만 우린 통하는 부분이 많잖아. 30과 ▸ p.155

☐ 너무 더워서 팍팍 익는다 익어. More 2 ▸ p.57

☐ 너무 자책하지 마. 20과 대표 표현 ▸ p.103

☐ 너무 잡혀 사네. More 3 ▸ p.85

☐ 넌 100점 만점에 200점이야. More 4 ▸ p.110

☐ 넌 걔에 대해 아무것도 모르는구나. 11과 ▸ p.63

☐ 네가 훨씬 아까워. 18과 대표 표현 ▸ p.95

☐ 네가 그걸 어떻게 알아? 27과 ▸ p.143

☐ 네가 느끼는 감정을 걔한테 말해. More 5 ▸ p.133

☐ 네가 사는 거지? 6과 ▸ p.37

☐ 누군들 알겠니? More 3 ▸ p.83

☐ 눈만 땡그랗게 뜨고 나를 그냥 쳐다봤어. More 2 ▸ p.61

☐ 다음주면 서른이라니 믿기지가 않아. 17과 ▸ p.91

☐ 단 1분만 내 입장에서 생각해 봐. More 4 ▸ p.107

☐ 단발머리 함 해보고 싶었거든. 21과 ▸ p.113

☐ 당신은 정말 특이해요. More 4 ▸ p.110

☐ 데이트 있는 것도 아니면서. 10과 ▸ p.53

☐ 동수는 나의 최고의 사랑이자 내가 숨쉬는 이유야. More 5 ▸ p.135

☐ 뒤 배경에 저거 동수야? More 1 ▸ p.35

☐ 드디어 그날이야. 15과 ▸ p.79

☐ 딱 보자마자 사랑에 빠졌지. 26과 ▸ p.139

☐ 마음[생각]이 중요한 거지. More 4 ▸ p.107

☐ 마음을 정해. 넌 결정을 해야 할 필요가 있어. More 6 ▸ p.160

☐ 말도 안 돼, 너무 넘사벽이잖아. More 5 ▸ p.133

- [ ] 말보다 행동이지, 그치? 19과 ▸ p.99

- [ ] 머리 잘랐네! 21과 ▸ p.113

- [ ] 멋져. (너 멋져 보여.) 13과 ▸ p.71

- [ ] 몇 킬로 빼보려고. 22과 대표 표현 ▸ p.117

- [ ] (미국) 몇 파운드 빼보려고. 22과 ▸ p.117

- [ ] 몸이 (좀) 안 좋네. More 2 ▸ p.56

- [ ] 못하겠다니 그게 무슨 소리야? More 4 ▸ p.107

- [ ] 무슨 소리야? 23과 ▸ p.121

- [ ] 문자로 헤어지자고 할까? More 6 ▶ p.163

- [ ] 뭐 그렇게 다들 난리법석인지. 8과 ▶ p.45

- [ ] 뭐 땜에? 28과 ▶ p.147

- [ ] 뭐 했어~? 25과 ▶ p.129

- [ ] 뭐라고 해야 되지? 12과 ▶ p.67

- [ ] 뭐해? 4과 29과 ▶ p.25, 151

- [ ] (편한 사이에) 뭔 소리세요? 23과 대표 표현 ▶ p.121

- [ ] 뭔데? 30과 ▶ p.155

- [ ] 뭘 하든 간에, 2:8로 감추려고 하지는 말아줘. More 5 ▸ p.135

- [ ] 방금 상상해 버렸어. 4과 ▸ p.25

- [ ] 버스 놓쳤어. 16과 ▸ p.87

- [ ] 벌써부터 떨려. 15과 ▸ p.79

- [ ] 불행히도, 걔 유머 감각이 제로야. More 6 ▸ p.158

- [ ] 사서 집 앞에 두고 가면 안 될까? 29과 ▸ p.151

- [ ] 사실, 나 다이어트 중이야. 22과 ▸ p.117

- [ ] 사실, 나 별로 안 궁금해. 28과 ▸ p.147

- [ ] 살 빼려고 방 안에서 줌바댄스 추고 있어. 4과 ▸ p.25

- [ ] 살 좀 빼려고. 22과 ▸ p.117

- [ ] 생긴 건 딱히 내 스타일은 아니지만. 14과 ▸ p.75

- [ ] 수아가 거절했어. 20과 ▸ p.103

- [ ] 수지랑 처음 데이트 하는구나! 15과 ▸ p.79

- [ ] (편한 사이에) 쉬 하러 갈 거야. 9과 ▸ p.49

- [ ] 이 팩 쓰고 있는데 나한테 잘 맞는 것 같아. 25과 ▸ p.129

- [ ] (상대방의 안 좋은 소식을 듣고) 아, 이럴 수가. 어쩌냐. 20과 ▸ p.103

- [ ] 아냐, 이번엔 진짜라구! 26과 ▸ p.139

- [ ] 아니, 넌 계산. 7과 대표 표현 ▸ p.41

- [ ] 아무래도 식중독 같은데. 9과 ▸ p.49

- [ ] 아직 마음도 생각도 십대인 것 같은데 말이야. 17과 ▸ p.91

- [ ] 안 해봤으면 말을 마. 8과 대표 표현 ▸ p.45

- [ ] 지금 해보자는 거야? 21과 대표 표현 ▸ p.113

- [ ] 어디서부터 시작해야 할지 모르겠네. 28과 ▸ p.147

- [ ] (나) 어때? 어때 보여? More 2 13과 21과 More 5 ▸ p.57, 71, 113, 132

- [ ] 어떤 걸 입어야 할지 아직 결정을 못하겠어. More 6 ▸ p.160

- [ ] 어떻게 하면 멋진 복근을 만들 수 있을까? More 5 ▸ p.137

- [ ] 어려 보여. 17과 ▸ p.91

- [ ] 어련하실라고. 26과 ▸ p.139

- [ ] 어젯밤 그가 청혼했어. More 6 ▸ p.162

- [ ] 어지간히 좀 해. (그냥 넘어가. 잊어버려.) 3과 ▸ p.21

- [ ] 어쩌지? More 5 ▸ p.135

- [ ] 얼굴에 뭐가 엄청 올라와. 24과 대표 표현 ▸ p.125

☐ 얼어 죽겠다. More 2 ▸ p.56

☐ (쟤) 엄청 핫하다. More 5 ▸ p.132

☐ 엄청 흥분돼! (좋아 죽겠어!) More 2 ▸ p.59

☐ 에어컨 좀 꺼. More 2 ▸ p.56

☐ 여기 너무 덥다. 6과 ▸ p.37

☐ 여기가 인스타에서 엄청 유명하대. 1과 ▸ p.13

☐ 영혼 좀 담아서 말해봐! 13과 대표 표현 ▸ p.71

☐ 영희가 자기 남편을 자신의 반쪽이라고 소개하더라. More 3 ▸ p.85

☐ 오, 올해 첫눈이네. 10과 ▸ p.53

☐ 오늘 옷에 엄청 힘 줬네! 13과 ▸ p.71

☐ 옳지 않은 방법 같다. More 6 ▸ p.163

☐ 와, 좋다. 1과 ▸ p.13

☐ 완전 공감. 6과 대표 표현 ▸ p.37

☐ 완전 공식적인 사실이야. 검증된 사실이야. More 1 ▸ p.35

☐ 완전 망했어. (내가 다 망쳤어.) 20과 ▸ p.103

☐ (너) 완전 예뻐. 아주 근사해. 13과 ▸ p.71

- [ ] 완전 인스타 감성이네! 1과 대표 표현 ▸ p.13

- [ ] (상대의 말에 전적으로 긍정할 때) 완전. 물론이지. 26과 ▸ p.139

- [ ] 외모는 평생 가는 게 아니란다, 친구야. 14과 ▸ p.75

- [ ] 요금은 누가 내는데? 5과 ▸ p.29

- [ ] 요새 스트레스 받는 일 있어? 24과 ▸ p.125

- [ ] 요즘 근육 운동 하고 있는데. More 2 ▸ p.57

- [ ] 우리 매니저님 좋아 죽어요 지금. More 2 ▸ p.60

- [ ] 우리 상사 이번에는 진짜 노발대발했어. More 2 ▸ p.61

- [ ] 우리는 공통점이 하나도 없어. 30과 ▸ p.155

- [ ] 우린 통하는 게 많아. 공통점이 많아. 30과 대표 표현 ▸ p.155

- [ ] 이 날씨 실화냐? 6과 대표 표현 ▸ p.37

- [ ] 이 말을 어떻게 해야 할지 모르겠네. 30과 ▸ p.155

- [ ] 이 영화 캐스팅이 완전 딱이네. More 2 ▸ p.60

- [ ] 이 재킷 어때? More 5 ▸ p.136

- [ ] 이 행사 차려 입고 가야 하나? More 6 ▸ p.160

- [ ] 이거 실화냐? 6과 ▸ p.37

- [ ] 이럴 수가! 너 완전 개한테 반했구나! More 6 ▸ p.161

- [ ] 이번 달 핸드폰 요금 폭탄 맞았어. 5과 대표 표현 ▸ p.29

- [ ] 이번 주말에 같이 가볼까? 1과 ▸ p.13

- [ ] 이제 우린 친구도 될 수 없어. 20과 ▸ p.103

- [ ] 일기예보에서 이번 주말에 눈 온대. 10과 ▸ p.53

- [ ] 자랑질 쩔어. 걘 진짜 허구헌날 자랑질이야. 2과 대표 표현 ▸ p.17

- [ ] 작년에 너도 하지 않았나? 27과 ▸ p.143

- [ ] 작은 선물은 어때? 19과 ▸ p.99

- [ ] 작작 좀 할래? More 5 ▸ p.135

- [ ] 잘 견뎌봐. More 4 ▸ p.108

- [ ] 잘 찼어. 18과 ▸ p.95

- [ ] 잘할 수 있을까? 15과 ▸ p.79

- [ ] 장난하냐? 11과 ▸ p.63

- [ ] 걔 가슴 수술 해서 그런 거야. More 5 ▸ p.134

- [ ] 걔 대체 왜 저래? More 6 ▸ p.159

- [ ] 걔 지금 엄청 상처 받은 상태야. More 6 ▸ p.159

- [ ] 재 코 수술했어. 27과 대표 표현 ▶ p.143

- [ ] 저 드레스 재한테 진짜 잘 어울린다. More 5 ▶ p.134

- [ ] 저번 주 생각하면 아직도 짜증나. 3과 ▶ p.21

- [ ] 전적으로 동의해. 6과 ▶ p.37

- [ ] 점심 안 먹었어? 22과 ▶ p.117

- [ ] 정말 걔는 감정이나 생각이 훤히 다 드러나더라. More 6 ▶ p.161

- [ ] (너) 정말 예뻐. 숨이 멎을 정도로. More 5 ▶ p.132

- [ ] 정말? 진심이니? 22과 ▶ p.117

- [ ] 좀 도와줘 봐. 12과 ▶ p.67

- [ ] 좀 떨리더라고. 12과 ▶ p.67

- [ ] 좀 삼각김밥 같기도 해. 21과 ▶ p.113

- [ ] 좋아 죽겠어. 날아갈 거 같아. More 2 ▶ p.60

- [ ] 좋은 건가요, 나쁜 건가요? More 4 ▶ p.110

- [ ] 주말 내내 집에 있었어. 29과 ▶ p.151

- [ ] 지금 그대로도 너무 보기 좋은데! 22과 ▶ p.117

- [ ] 지금 오후 2시인데. 22과 ▶ p.117

- [ ] (걘) 진짜 좋은 신랑감이야. More 3 ▸ p.82

- [ ] 진짜야! (거짓말 아냐!) More 1 ▸ p.34

- [ ] 집중이 안 돼. 6과 ▸ p.37

- [ ] 쫄지 마. 12과 대표 표현 ▸ p.67

- [ ] 참도록 해. More 2 ▸ p.56

- [ ] 처음부터 필이 왔어? 26과 대표 표현 ▸ p.139

- [ ] 철수는 정말 완벽한 신랑감이야, 그치? More 6 ▸ p.158

- [ ] 첫 데이트 어땠나 자세히 말해봐! 14과 ▸ p.75

- [ ] 청구서 보고 엄청 열 받았잖아. 5과 ▸ p.29

- [ ] ㅋㅋㅋㅋ (개웃겨) 4과 대표 표현 ▸ p.25

- [ ] 카페 가서 (계속)할까? 6과 ▸ p.37

- [ ] (편한 사이에) 큰 거야? (똥 마려워?) 9과 대표 표현 ▸ p.49

- [ ] 퇴근하고 데이트 있거든. 13과 ▸ p.71

- [ ] 티 나잖아! 뻔하잖아! 27과 ▸ p.143

- [ ] 페이스북, 스냅챗, 인스타에서 걔 차단해 버렸어. 3과 ▸ p.21

- [ ] 포기하지 마. More 4 ▸ p.108

- [ ] 폭풍 칭찬, 요것만 기억해!! 15과 대표 표현 ▸ p.79

- [ ] (상대방의 질문에 대해) 하고 싶었지. 12과 ▸ p.67

- [ ] 한두 가지가 아니었어. 28과 ▸ p.147

- [ ] 핸드폰 요금제 어떤 거 쓰는데? 5과 ▸ p.29

- [ ] 헐. 무슨 일로? 18과 ▸ p.95

- [ ] 현타 오게 하지 마. 10과 대표 표현 ▸ p.53

- [ ] 호구짓 그만해. 12과 ▸ p.67

- [ ] (체면을 차리며) 화장실 다녀와야 해요. 9과 ▸ p.49

☐ 휴대폰이 꺼졌어. More 1 ▸ p.34

☐ 희망 고문 그만하고 그냥 싫다고 말해. More 3 ▸ p.84

1일 1패턴 영어회화

왕초보 / 기초 / 도전

정나래 지음 | 각 권 224쪽 | 10,000원

난생처음 끝까지 다보는 영어회화책!

하루에 10분만! 딱 하나의 패턴으로 부담 없이!

시간이 부족한 당신을 위한 **가장 현실적인 영어 정복법**

난이도 

기간 하루 10분, 30일

대상 매번 작심삼일로 끝났던 영어회화 공부를 이번에는 꼭 끝까지 성공해보고 싶은 분

목표 하루 10분 1일 1패턴으로 꾸준한 영어 습관 만들기